PIERLUIGI ROMEO DI COLLOREDO MELS

EYLAU 1807

L'AQUILA NELLA TORMENTA

BATTLEFIELD 023

SOLDIERSHOP PUBLISHING

AUTORI

Pierluigi Romeo di Colloredo Mels è archeologo professionista e storico militare; già ufficiale dei Granatieri di Sardegna;, è autore di numerosi articoli scientifici e saggi storici, ha pubblicato, tra gli altri, *La battaglia dimenticata. Monte Celio, 12 aprile 1498*, Bergamo 2016; *Rodolfo di Colloredo, un FeldMaresciallo italiano nella Guerra dei Trent'Anni*, Bergamo 2017, *Venezia 1849. Aspetti militari di un assedio del XIX secolo*, Bergamo 2017; *La battaglia di Montaperti* (con Mario Cristini, in due volumi), Bergamo 2019, *Le guerre di Carlo d'Angiò. Dalle battaglie di Benevento e Tagliacozzo alla guerra dei Vespri*, Bergamo 2019; *Napoleone I. Da Austerlitz a Friedland: scritti, discorsi bollettini, 1805- 1807*, Bergamo 2019.

Luca Stefano Cristini, esperto conoscitore di guerre e storia del 600. Ha pubblicato un importante lavoro, su due tomi, dedicato alla guerra dei 30 anni (1618-1648) il primo mai stampato in Italia sull'argomento, giunto alla terza edizione.
Per le collane di Soldiershop ha realizzato numerosi titoli sia in veste di autore che di illustratore insieme ad altri storici. Ha diretto per diversi anni riviste nazionali specializzate di carattere storico e uniformologico. Ha al suo attivo numerose collaborazioni con i principali editori di materie storiche come Albertelli, DeAgostini, Mondadori (Focus) e Isomedia.

NOTE EDITORIALI

LICENSES COMMONS

▲ Il Capitano Hugo a Eylau. Dipinto di L.Lapeyre

ISBN: 9788893275194   1a edizione Novembre 2019

EYLAU 1807 - L'aquila nella tormenta (Battelfield 023)
Testo di Pierlugi Romeo di Colloredo Mels. Tavole a colori Di Luca Stefano Cristini.
Editore: Luca Cristini Editore per i tipi di Soldiershop. Cover & Art Design: Luca S. Cristini.

Pagina precedente: Il generale Walther guida la carica dei Granatieri a cavallo della Guardia nella battaglia di Eylau (L. Rousselot).

PRESENTAZIONE

None of the great Napoleonic struggles is surrounded with more doubt and uncertainty than the battle of Eylau. Fact, myth and propaganda are almost inextricably intertwined, and different authorities give conflicting interpretations of almost every aspect and stage of the struggle. That it was a holocaust, fought under almost impossible weather conditions, all agree, but little else receives unanimous support.

(David Chandler, *The Campaigns of Napoleon*, 1968).

Eylau: une victoire à la Pyrrhus, le début du crépuscole, que l'on pressent à travers Balzac ou Gros, un crépuscole que retardera Friedland. Ce sera là que la Grande Armée, celle d'Austerlitz et Iéna prendra congé. Pour moi l'epopée guerrière est finie. Le temps des combats incertains commence.

(Jean Tulard, *Dictionnarie amoreux de Napoléon*, 2012).

L'8 febbraio 1807, presso il villaggio di Eylau, nell'attuale regione russa di Kaliningrad, si combatté, in condizioni climatiche terribili, per gelo e bufere di neve, una delle più cruente e sanguinose battaglie dell'epoca Napoleonica.

Lo scontro, inserito nell'ambito della Guerra della Quarta Coalizione, che vide la Grande Armata Francese opporsi a Russi e Prussiani e che, per la violenza e le perdite impressionò enormemente lo stesso Napoleone, fu vinto dai Francesi.

La vittoria delle gloriose Aquile Imperiali, non fu però di quelle decisive ed ebbe, assai probabilmente, un sapore molto simile a quello amaro della sconfitta e lo stesso Imperatore, profondamente turbato alla vista del Campo di Battaglia al termine della giornata, ebbe a definire il fatto d'Armi come "un inutile macello". Pierluigi Romeo di Colloredo Mels, con lo stile avvincente del consumato scrittore e cronista e la meticolosità del più appassionato e partecipe ricercatore storico, ci porta nel vivo di quel gelido e infuocato inferno nel quale, quando ormai anche il Grande Còrso temeva il disastro, si lanciò l'indomito Murat, che guidò forse ben 80 squadroni (circa 10.800 sciabole), in quella che, con ogni probabilità, può essere considerata la più grande carica di cavalleria della Storia, risolvendo la situazione a favore di quell'Aquila che, per interminabili ore, era stata nella tormenta.

Si tratta di un poderoso lavoro di meticolosa ricerca storica che farà certamente presa nei cuori degli appassionati del genere e costituirà uno studio prezioso per chi avrà il privilegio di entrarne in possesso.

Grazie dunque a Pierluigi Romeo di Colloredo Mels che ha saputo sagacemente riportare in vita una delle pagine meno celebre, ma assolutamente indimenticabili, dell'epopea napoleonica.

Colonnello a. (ter.) spe RN (ris.) Stefano Manni dell'Isola di Torre Maìna.

già 78° Comandante del I° Gruppo "Voloire" del Reggimento Artiglieria a Cavallo.

INDICE

PREFAZIONE

La battaglia di Preussisch- Eylau, combattuta in condizioni climatiche estreme, sotto bufere di neve e temperature di molto sotto lo zero- si parla forse esagerando di -30° centigradi!- tra la *Grande Armée* napoleonica e i russi di Benningsen l'otto febbraio 1807, è stata definita come la più epica delle battaglie di Napoleone, quella che vide la carica di cavalleria più grande della storia, guidata da Murat alla testa di oltre diecimila cavalieri e si settanta squadroni, che vide lo stesso Napoleone salvato dalla cattura da un battaglione di Granatieri della Guardia e dai Cacciatori dello squadrone della sua scorta, che vide atti eroici da una parte e dall'altra, ma anche come la più controversa tra quelle combattute dal Grande Corso, quella su cui più si è discusso, e della quale resta, a parere di alcuni, indeciso anche chi sia stato il vero vincitore: insomma, *une victoire à la Pyrrhus*, per Jean Tulard.

Per quanto rigurda Eylau abbiamo la fortuna di disporre, insieme alla memorialistica di parte francese (Marbot, Coignet...) di un'importantissima fonte russa, le memorie dell'allora Aiutante di Campo del principe Bagration, il tenente- futuro colonnello- Denis Vasilyevich Davydov[1], di cui ci siamo spesso serviti per presentare la battaglia vista dalle linee di Benningsen, e che di questa battaglia troppo trascurata scrisse, confrontando Eylau con Borodino:

"Alla battaglia di Borodino l'arma principale fu l'artiglieria. A Eylau fu il combattimento corpo a corpo che ebbe il primo posto. La baionetta e la sciabola ebbero la preponderanza, versando sangue a sazietà. Nessun'altra battaglia ha presentato scontri di fanteria e cavalleria e scambi di fuoco di fucileria su tale scala. (...) Devo dire in verità che nelle annotazioni prese nel corso di sedici campagne di servizio e per tutto il periodo delle campagne napoleoniche, io non ho mai visto qualcosa di paragonabile [a Eylau]!"

Per la prima volta, dopo i trionfi di Ulm, Austerlitz e Jena Napoleone venne fermato, sia pure per poco tempo: per tutta la giornata la vittoria restò in bilico, e solo a notte fonda la ritirata russa lasciò Napoleone padrone del campo di battaglia; ma sarà necessaria un'altra battaglia, quella Friedland, quattro mesi dopo, il settimo anniversario di Marengo, per spingere lo zar Alessandro I a chiedere la pace, anzi, a diventare, per breve tempo, alleato di Napoleone.

Le parole scritte da Chandler oltre mezzo secolo fa (il magistrale *The Campaigns of Napoleon* uscì nel 1968 a Londra) e da noi riportate in apertura del libro, sono ancor oggi attuali; nel presente studio abbiamo cercato dunque di riferire i fatti come a nostro parere *potrebbero* essersi svolti, sulla base dei documenti e delle testimonianze dell'epoca, per narrare il primo inciampo di Napoleone nella sua folgorante ascesa, e che in molti aspetti anticipò la campagna del 1812 nei suoi aspetti logistici e militari. Questo libro fa seguito ad una raccolta, curata da chi scrive, degli scritti, dei discorsi e delle lettere di Napoleone I relative al periodo da Austerlitz a Friedland, pubblicata in occasione del 250° anniversario della nascita dell'Imperatore[2]: si tratta di due letture che si completano a vicenda, perché in questo libro taceremo un disegno delle campagne iniziate nel 1805 e terminate con il trattato di Tilsitt che può servire ad inquadrare meglio gli scritti di Napoleone antologizzati nel precedente lavoro.

Le campagne di Moravia del 1805, di Sassonia nel 1806, ed infine di Polonia del 1807 si sono svolte inatti senza soluzione di continuità, ponendo di fronte Napoleone ed Alessandro I (l'Austria, dopo Ulm e la caduta di Vienna, giocò un ruolo secondario ad Austerlitz): e se i russi non presero parte alla campagna tramutatasi in *blitzkrieg* dell'ottobre 1806 fu solo perché non ne ebbero il tempo materiale: ma, come si vedrà non esiste soluzione di continuità tra la sconfitta prussiana a Jena ed Auerstädt e la campagna polacca: da russi e prussiani era infatti considerata a ragione come un'unica campagna militare che dall'ottobre 1806 arriva sino al giugno dell'anno successivo; e non a caso ad Eylau i prussiani di Lestocq (l'Estocq) si batterono con strenua determinazione contro le truppe del III Corpo di Davout, le stesse che il 14 ottobre ad Auerstädt avevano disfatto il grosso dell'armata del re Federico Guglielmo

---

1   Di cui esiste una traduzione italiana: *Al servizio dello zar Alessandro contro Napoleone, 1806- 1814*, Roma 2012
2   P. Romeo di Colloredo, *Napoleone I. Da Austerlitz a Friedland. Scritti, discorsi, bollettini 1805- 1807*, Bergamo, 2019.

III: se si vuole capire Eylau non si può prescindere quindi da quanto avvenuto dalla partenza di quella che era stata l'*Armée d'Angleterre*, ribattezzata col nome, destinato all'immortalità, di *Grande Armée*, dal campo di Boulogne.

Pur nel limite di spazio della collana *Battlefield* abbiamo cercato di essere completi e di fornire al lettore un quadro completo ed obbiettivo; non sappiamo se ci siamo riusciti, né se l'ammirazione per il Grande Corso ci abbia condizionato nei giudizi: i lettori potranno giudicare.

P.R.d.C.

▲ Napoleone I durante la campagna nel 1807, ritratto di Charlet.

GLI ESERCITI DEL 1807[3]

LA *GRANDE ARMÉE.*

Nato dal furore delle guerre rivoluzionarie e dalle vittorie di Bonaparte (anche se la campagna d'Egitto tutto fu tranne che una vittoria...), quando Napoleone cinse la corona imperiale nel 1804, l'esercito francese era una forza altamente efficiente, motivata e flessibile.

Napoleone aveva creato un esercito laddove ce n'erano stati molti, autonomi e legati ai propri comandanti ancor più che al governo parigino:

"Avevamo l'Armata del Reno, l'Armata d'Olanda. Non c'era l'Armata francese. Ora c'è."

Ed aveva inculcato in esso il culto della disciplina: quella che permetterà all'*Armée d'Angleterre* di diventare la *Grande Armée* e di marciare dal campo di Boulogne al Reno con 150.000 uomini senza perdere neppure un cassone di munizioni.

Un esercito pieno di fiducia spinta sino alla presunzione in sé stesso e nei propri capi, dai Marescialli all'Imperatore, vivace e aggressivo nell'assalto, tendeva ad essere scoraggiato ma resistente nella difesa, e capace di compiere veri e propri miracoli tattici e strategici quando ben guidato, con un morale non ancora prostrato dai lunghi anni di guerra e dalla coscrizione su vasta scala, né indebolito dalla presenza di contingenti di leva dei territori annessi, olandesi, italiani, tedeschi, che non parlavano francese e non condividevano la fiducia nell'Imperatore, come sarebbe stato nel 1812- 1814.Già nel 1805 nella *Grande Armée* combatterono reparti italofoni formati da volontari piemontesi (*Tirailleurs du Po*) e corsi (*Tirailleurs corses*, detti i *cousins de l'Empereur*: ed in effetti il loro comandante, il colonnello d'Ornano, era primo cugino di Napoleone), con ottimi risultati. In particolare i *Tirailleurs du Po* e i corsi combatterono ad Austerlitz distinguendosi per ardore combattivo, a Jena e nella campagna di Polonia inquadrati nel IV Corpo del Maresciallo Soult (divisione Legrand) a Eylau e Friedland, subendo fortissime perdite: i *Tirailleurs du Po* rimasero solo in 350 alla fine della campagna.

Negli anni precedenti alla campagna di Polonia del 1807, la fanteria era organizzata in 89 reggimenti di linea e 26 leggeri, composti da tre battaglioni operativi ed uno di deposito. Ogni battaglione di fanteria consisteva di nove compagnie, sette di fucilieri (*chasseurs* nella fanteria leggera), una di granatieri (*carabiniers* nella fanteria leggera) ed una di *voltigeurs* (*tirailleurs* nella fanteria leggera), per un totale di 7- 1.100 uomini.

La cavalleria era formata allora da di 24 reggimenti di dragoni, 12 di corazzieri, due di carabinieri, otto di ussari, 30 di *Chasseurs à cheval*; la forza di uno squadrone era solitamente di 140 uomini, per un totale 1.680 uomini a reggimento.

Negli anni successivi vennero istituite nuove specialità; lancieri, *éclaireurs*, ed i carabinieri divennero cavalleria pesante dotata di elmo e corazza di bronzo. La tattica pricipale della cavalleria napoleonica era comunque basata sull'azione d'urto di cariche in massa.

Una carica era tuttavia molto difficile e andava eseguita con molta cura: in un primo momento gli squadroni avanzavano al trotto, fino a raggiungere un terzo circa della distanza che li separava dal nemico, poi il passo accelerava, raggiungendo il piccolo galoppo, che si sviluppava in un galoppo veloce a circa 150 metri dal nemico; nei cinquanta metri finali si procedeva invece a briglia sciolta e alla massima velocità, che nel caso della cavalleria pesante era abbastanza limitata: data la mole dei cavalli normanni e il peso del cavaliere non superava i venticinque chilometri all'ora, basandosi piuttosto sulla violenza dell'urto che sulla velocità..

Sbagliare il momento in cui lanciare all'attacco i cavalli poteva costare molto, infatti gli animali po-

---

3   Per evitare di appesantire troppo il testo, abbiamo evitato di occuparci degli eserciti austriaco e prussiano, che vennero coinvolti nelle campagne del 1805- 1806; ad Eylau combatté il Corpo prussiano di Lestocq (von l'Estocq), cui abbiamo dedicato un rapido, ma doveroso, accenno.

▲ Granatiere a piedi della Guardia in alta uniforme. Disegno di N.T.Charlet (1792-1845)

tevano arrivare esausti e perdere tutto il loro potenziale o, al contrario, potevano perdere il controllo superato il primo obiettivo e contribuire al disperdersi dell'unità.

Era poi di fondamentale importanza assicurarsi che un attacco di cavalleria fosse ben sostenuto da adeguate forze di fanteria e artiglieria, in quanto la cavalleria, sola, non poteva gran che contro schiere immobili di fanti pronti ad aprirle il fuoco addosso.

Infatti, quando possibile, le colonne di cavalleria erano precedute da *tirailleurs* la cui azione era tesa ad aprire la strada scompaginando le linee nemiche e creando le condizioni per il successo della carica durante la quale le armi più impiegate, erano pistole e sciabole.

L'artiglieria, l'arma dotta, da cui proveniva l'Imperatore godette ovviamente di un favore particolare divenendo una delle armi più efficaci della Grande Armata in base alla massima che *le grandi battaglie si vincono con l'artiglieria*. Del resto i cannoni erano stati soprannominati *les belles filles de l'Empereur...*

Divenuto Primo Console, Napoleone apportò numerose modifiche all'Artiglieria che era stata l'Arma più colpita dall' emigrazione seguita alla Rivoluzione ma che pure aveva accumulato più di otto anni ininterrotti di esperienza sul campo di battaglia.

Il primo miglioramento che Bonaparte ordinò fu la militarizzazione del servizio di traino; il *train d'artillerie*, come venivano chiamati gli equipaggi addetti al trasporto, che erano fondamentali per le tattiche usate sul campo di battaglia, in quanto da loro dipendeva la mobilità dell'artiglieria affinchè potesse supportare gli assalti di fanteria e cavalleria.

Passando da civili a militari, gli uomini del treno migliorarono molto le proprie prestazioni e contribuirono al miglioramento generale dell'artiglieria. Le altre modifiche riguardarono invece le varie specialità dell'artiglieria, divisa in Pesante o Artiglieria a Piedi e Leggera o Artiglieria a Cavallo o Ippotrainata, istituita per imitazione di quella istituita in Austria Ungheria dal Lichenstein..

L'artiglieria repubblicana, (erede di quella reale, e modellata sul sistema Gribeauval) era dotata di pezzi da 12 e 8 libbre per l'artiglieria pesante, e pezzi da 4 libbre per quella leggera[4]; entrambe le specialità avevano inoltre obici.

Napoleone modificò l'armamento standard dell'artiglieria leggera, sostituendo i cannoni da 4 libbre con pezzi leggermente più grandi, da 6 libbre, per sfruttare il gran numero di pezzi d'artiglieria da 6 libbre catturati ai prussiani e agli austriaci tra il 1794 e il 1800; logico era quindi adattare l'artiglieria francese a quella dei nemici per utilizzarne i materiali e le munizioni.

Il secondo cambiamento riguardò invece l'artiglieria pesante e fu quello di sostituire molti pezzi da 8 libbre con cannoni da 12 libbre, per avere così una maggiore potenza di fuoco e una più lunga gittata sui campi di battaglia.

Le munizioni dei cannoni francesi erano quelle standard del periodo: la palla normale rotonda o palla piena, le scatole a mitraglia, contenitori riempiti a pallottole e detriti che venivano sparati a corta gittata, e le granate, palle piene di esplosivo azionate da una miccia, lanciate dagli obici.

I compiti dell'artiglieria francese erano principalmente tre: il primo consisteva nell'appoggiare, all'inizio dello scontro, i primi spostamenti della fanteria e allo stesso tempo martellare senza sosta le formazioni nemiche; il secondo consisteva nel concentrarsi per effettuare un bombardamento intensissimo sul nemico, per causargli devastanti perdite, fiaccargli il morale e spianare la strada all'avanzata di fanteria e cavalleria, mentre il terzo aveva luogo nelle fasi finali degli scontri, nelle fasi di inseguimento del nemico o di ritirata, durante le quali alla sola Artiglieria a Cavallo veniva ordinato di appoggiare la Cavalleria Leggera aprendo altre brecce nei nemici in fuga o ritardandone l'inseguimento. Napoleone fu il primo ad utilizzare un così vasto numero di cannoni concentrati in grandi gruppi per un martellamento pesante, *feu en masse*,.

La fanteria della Guardia Imperiale era organizzata agli inizi del 1805 in due reggimenti, ciascuno formato da un battaglione di *Grénadiers* e uno di *Chasseurs à pied*; ogni battaglione inquadrava otto compagnie ciascuna di ottanta uomini, tutti veterani con almeno dieci anni di servizio e quattro cam-

---

4   La denominazione dei pezzi derivava dal peso delle palle che sparavano.

▲ Ufficiale dell'artiglieria a piedi della Guardia in alta uniforme. Disegno di N.T.Charlet (1792-1845)

pagne di guerra e che avevano dover ricevuto almeno una menzione onorevole; gli *Chasseurs à Cheval de la Garde*, derivati dalle *Guides* di Bonaparte, la sua scorta personale[5], avevano cinque squadroni, ed avevano aggregato lo squadrone dei *Mameluks*, ancora formato in buona parte dai mamelucchi che avevano seguito Napoleone, *as Sūltan el Kebir*, dall'Egitto; il reggimento dei *Grenadiers à Cheval* inquadrava a sua volta quattro squadroni- compreso, dal 17 settembre 1805, uno squadrone di Veliti- per un totale di 1.166 uomini, tutti di statura mediamente non inferiore ad un metro e ottanta (l'altezza minima era di 1 metro e 76), montati su cavalli normanni neri.

I Granatieri a cavallo erano comandati da un generale di divisione, con il titolo di *colonel commandant*: ad Eylau era Frédérich Henri Walther, assistito da un generale di brigata, detto *colonel-major* o *major en premiere*, che nel 1807 era Luis Lepic, a sua volta assistito da un altro brigadiere o da un colonnello designato come *major en seconde*[6].

Essendo considerati i migliori cavalieri di tutti gli eserciti napoleonici, ed essendo stati tra i più celebri protagonisti della battaglia di Eylau, è giusto dedicare ai *Grénadiers à Cheval* qualche riga in più.

Come scrive il colonnello Stefano Manni dell'Isola di Torre Maìna:

"Gli alti e monumentali berrettoni in pelo d'orso, con imperiale scarlatto e croce *aurore* (oro per gli ufficiali, come le altre guarnizioni del celebre copricapo), sottolineano la marzialità di questi cavalieri, rispettati ed ammirati nell'intero esercito e, perfino, all'interno degli elitari ranghi della Guardia (pare che l'aria di perenne, flemmatico e superiore distacco, avesse loro valso, con una punta di affettuosa invidia, il soprannome di "dei o giganti dai grossi stivali"…e non erano certo gli unici a calzare i famosi stivali alti con elemento para-ginocchio.

I capelli incipriati e raccolti in un codino, tramite uno stretto nastrino di tessuto nero, rimasero a lungo una delle caratteristiche principali degli effettivi e, ancora sul campo di Waterloo, sembra che qualcuno di questi gentiluomini sfoggiasse tale tipo di acconciatura). Questi loro vistosi copricapo, sono un tipico esempio di come, nell'esercito francese di allora, i regolamenti (soprattutto nei reparti di cavalleria) fossero materia poco letta e, comunque, certamente poco seguita…essi, infatti, prevedevano, per il berrettone, un'altezza massima di 318 millimetri, ma rarissimamente se ne trovavano esemplari di altezza inferiore ai 350. C'erano anche materiali particolari, (come gli stivali da passeggio, a mezzo polpaccio di foggia "all'ungherese", simili a quelli in uso alla cavalleria leggera, non "di commissariato", per così dire), che venivano comperati al commercio a spese del singolo.

Requisiti per poter aspirare ad entrare nei ranghi, erano altezza non inferiore a 176 cm., 2 lustri di onorato servizio, partecipazione attiva a minimo 4 campagne e aver ricevuto almeno 1 menzione per il particolare coraggio dimostrato. Caratteristiche dell'unità, finché fu possibile soddisfare tali requisiti, erano le possenti cavalcature dal mantello morello o baio-scuro (con eccezione, ovviamente, dei trombettieri e dei musicanti che, come tradizione in tutti i corpi di cavalleria, tendevano a montare animali grigi).

La cavalleria pesante della Guardia seguiva, di norma, la stessa tattica di impiego di quella di linea.

Tutti erano mediamente in grado di gestire un cavallo nelle varie situazioni tuttavia, per ridurre al minimo gli "incidenti non dovuti al fuoco nemico", pare si cercasse di fornire i reggimenti della Guardia, di cavalli "di buon carattere". Tra i fattori di successo, c'era senz'altro la coesione e l'abitudine ad agire insieme e, per questo, era molto importante la presenza di sottufficiali esperti o militari anziani con lunga esperienza[7].

Nel 1806 venne istituito un nuovo reggimento di cavalleria della Guardia, i *Dragons de l'Impératrice*, ed un reggimento di artiglieria ippotrainata, che ebbero il battesimo del fuoco durante la campagna di Polonia del 1807.

Uno dei motivi di maggior successo di Napoleone nelle campagne a partire dal 1805 fu l'adozione del

---

5   Al momento del congedo le *Guides* ricevevano , secondo l'uso romano, un appezzamento di terra in una zona periferica di Milano, nota da allora come Monte Napoleone.

6   Nella Guardia per il *principio di assimilazione* ciascun soldato era superiore al parigrado dell'esercito: così un Granatiere od un Cacciatore che fosse passato nell'esercito avrebbe avuto automaticamente il grado di caporale, un caporale quello di caporalmaggiore, sino a colonnello, corrispondente a generale di brigata, e colonnello comandante, corrispondente a generale di divisione (grado che solitamente esercitava: per es. Walther comandava nel 1805 la 2a divisione di Dragoni); ciò permetteva ai membri della Guardia di poter dare ordini ai parigrado in caso di necessità.

7   https://stefanomanni.wordpress.com/category/01-guardia-imperiale/granatieri-a-cavallo/

sistema dei Corpi d'Armata.

Grazie al periodo trascorso negli accampamenti a Boulogne e alle continue manovre effettuate tra il 1803 e il 1805, Napoleone poté dividere il suo esercito in unità di 20-30.000 uomini, a volte anche 40.000, e dare loro un addestramento intensivo. Ogni Corpo d'Armata era a tutti gli effetti un esercito in miniatura, dotato di fanteria, cavalleria, artiglieria, stato maggiore, servizi informativi, genio, trasporti, vettovagliamento, amministrazione, sezioni mediche e commissariati, concepito per lavorare in stretta connessione con gli altri corpi. Spostandosi a meno di una giornata di marcia uno dall'altro, consentivano a Napoleone di invertire i ruoli di retroguardia, avanguardia o riserva quasi immediatamente, a seconda dei movimenti del nemico. Quindi, tanto in attacco quanto in ritirata, l'intero esercito poteva ruotare sul suo asse senza confusione. Nelle zone rurali i corpi d'armata potevano anche allontanarsi abbastanza uno dall'altro senza causare problemi di vettovagliamento. Ogni Corpo d'Armata doveva essere grande abbastanza per fronteggiare un'intera armata sul campo di battaglia, mentre gli altri potevano scendere in campo nel giro di 24 ore per rinforzarlo e disimpegnarlo, o, cosa ancora più utile, per aggirare o accerchiare il nemico. Ai comandanti dei singoli Corpi d'Armata, che di solito erano Marescialli, sarebbero stati indicati un luogo dove andare e una data di arrivo, e per il resto avrebbero dovuto regolarsi da soli. Non avendo mai comandato una compagnia, un battaglione, un reggimento, una brigata, una divisione o un Corpo di fanteria o cavalleria in battaglia, e fidandosi dell'esperienza e della competenza dei suoi Marescialli, in generale Napoleone era ben felice di lasciare a loro la logistica e la tattica, purché loro riportassero i risultati richiesti.

Napoleone se ne servì in quasi tutte le successive battaglie vittoriose, in particolare a Ulm, Jena, Friedland, Lützen, Bautzen e Dresda, non desiderando correre di nuovo i rischi di Marengo, dove le sue forze erano troppo sparpagliate. Le sue sconfitte, scrive Andrew Roberts, in particolare ad Aspern-Essling, Lipsia e Waterloo, si verificarono quando non si servì in modo adeguato del sistema dei Corpi d'Armata[8].

All'inizio della campagna del 1806-1807 i Corpi d'Armata erano i seguenti:

I Corpo, Maresciallo Bernadotte[9], principe di Pontecorvo (divisioni Dupont, Rivaud, Drouet; cavalleria Wathier).

III Corpo, Maresciallo Davout, futuro duca di Auerstädt (divisioni Morand, Friand, Gudin; cavalleria Viallanes).

IV Corpo, Maresciallo Soult (divisioni Saint-Hilaire, Leval, Legrand; cavalleria Margaron).

VI Corpo, Maresciallo Ney, duca di Elchingen (divisioni Marchand, Gardanne; cavalleria Colbert).

VII Corpo, Maresciallo Augereau, duca di Castiglione (divisioni Desjardins, Houdelet; cavalleria Durosnel)[10].

---

8   A. Roberts, *Napoleone il Grande*, tr. it. Novara 2015, pp. 437-438.
9   Sostituito da Victor nel giugno 1807,
10   Un altro Corpo (VIII) era in formazione a Magonza, agli ordini del Maresciallo Mortier. Si aggiunsero poi il V (Lannes, duca di Montebello) ed il X (Lefebvre), quest'ultimo per l'assedio di Danzica.

▲ Gendarmeria d'elitè della Guardia in alta uniforme. Disegno di N.T.Charlet (1792-1845)

Cocmade Гренадера и Канонира   Рис. на камне Шлиер в.

▲ Granatiere russo in uniforme di servizio con cappotto 1807. Tavola di A.V.Viskovatov

L'ESERCITO RUSSO.

L'esercito russo veniva arruolato sulla base di una leva feudale, con i magistrati locali che selezionavano uno ogni 20 tra i migliori giovani del relativo distretto, numero che aumentava quando necessario, come sarebbe stato a partire dal 1812, anno in cui furono effettuate tre chiamate alle armi.

La paga era scarsissima; si trattatava nella totalità di contadini poveri (mugiki) totalmente privi di istruzione, servi della gleba abituati ad ubbidire ciecamente ai proprietari terrieri o agli amministratori dei nobili (che difficilmente un servo della gleba avrebbe mai visto nel corso della propria vita, pur appartendogli allo stesso modo di un cavallo o di una vacca): e per resistenza, tenacia, perseveranza erano i i migliori soldati d'Europa, e quindi del mondo.

Per il soldato russo lo Zar era una figura sacra, e la devozione alla Santa Vergine di Khazan, protettrice dell'esercito imperiale, che riprendeva la tradizione delle Madonne guerriere dell'Impero Bizantino, assoluta. Per essi il soldato russo, con il suo senso dell'ubbidienza all'autorità inculcatogli dalla nascita, era pronto a morire senza discutere.

Come recita l'inno del Reggimento *Preobrazhensky* :

"Ci conoscono svedesi e turchi,
ci conosce il mondo intero:
nelle battaglie e nelle guerre
ci guida l'Imperatore in persona,
egli condivide le nostre fatiche
sul campo di battaglia, alla nostra testa:
la gioia per tutti noi sarà
morire davanti ai suoi occhi!"

Loraine Petrie, nel suo studio del 1906 sulla campagna di Polonia cita sir Robert Wilson, un ufficiale britannico che partecipò come osservatore alla campagna (e che pure dimostra spesso una forta prevenzione antirussa[11]). La fanteria consisteva di:

"Uomini tra i 18 ed i 40 anni, generalmente di bassa statura, compensata da una notevole forza fisica e rafforzati dall'abitudine ad ogni genere di fatiche e di durezze. Possono sopportare i fastidi del tempo peggiore, ed allo stesso tempo, possono resistere con il più scarso nutrimento."

A dispetto di queste qualità, prosegue Wilson, bisognava sottolineare la stupidità della massa e la mancanza di iniziativa del soldato russo: una volta ricevuto un ordine avrebbe continuato stolidamente a cercare di eseguirlo, anche di fronte a scarsissime o nulle possibilità, ed in circostanze drasticamente mutate. Il coraggio dei russi era indiscutibile , e la loro capacità di marciare con il peggior clima, senza rifornimenti, era poco meno che miracolosa.

Il soldato russo poteva venire addestrato a marciare ed a manovrare con precisione e rapidità, a combattere con fermezza in quadrato od in colonna; ma era perduto in circostanze nelle quali era separato dai propri commilitoni o dai propri ufficiali, ed in cui avesse dovuto decidere autonomamente cosa fare, a differenza dei soldati francesi.

Secondo sir Robert Wilson i russi erano particolarmente temibili nel combattere con la baionetta, molto meno nel tiro: e ciò a dispetto che la fanteria russa fosse la sola in Europa addestrata a sparare contro bersagli dipinti con bande orizzontali rosse per insegnare la corretta elevazione dell'arma per colpire il bersaglio; ma il problema era che le armi della fanteria russa non erano standardizzate; ancora nel 1812 vi erano non meno di 28 calibri differenti di moschetti ed 11 di carabine, tanto che quando la Gran Bretagna fornì 60.000 moschetti *Brown Bess* essi non vennero utilizzati per equipaggiare unità organiche, ma distribuiti come premio ai migliori soldati!

---

11   R. T. Wilson, *Some Remarcks on the Character and Composition of the Russian Army in the Years 1806 and 1807 and a Sketch of the Campaigns in Poland in the Years 1806 and 1807*, London, 1810.

La cavalleria e l'artiglieria russe erano eccellenti. Wilson rimase colpito dalla capacità dei cavalli russi di viaggiare per lunghe distanze, come i loro cavalieri, in condizioni di freddo estremo e di scarso nutrimento, e pure esser in grado di arrivare sul campo di battaglia ed essere in grado di entrare in combattimento.

Ma più che la cavalleria regolare, ad ispirare un vero terrore soprattutto psicologico ai francesi erano i cosacchi, comandati dal loro atamano Platov.

Montati su cavalli piccoli e pelosi, i discendenti degli sciti (*saka* per i persiani achemenidi, da cui *ka-saka*) furono per Napoleone la spina nel fianco che i loro antenati erano stati per Ciro ed Alessandro, con la velocità dei loro cavalli, le loro lancie, sciabole e pistole, non costituivano una minaccia per la cavalleria francese, ed erano incapaci di affrontare una cavalleria regolare, ma diventavano micidiali quando attaccavano formazioni scompaginate o disorganizzate, come avvenne ad Eylau, quando piombarono sui corazzieri francesi disordinatisi dopo la grande carica eseguita da Murat, infliggendo loro pesanti perdite ed uccidendo il generale d'Hautpoul, comandante dei corazzieri della *Grande Armée*.

I russi avevano un gran numero di cannoni, soprattutto di grande calibro, ottimamente serviti da artiglieri considerati, insieme a quelli austriaci, i migliori del mondo; i cannoni erano trainati da tiri di quattro cavalli (otto per i calibri maggiori).

Il difetto peggiore degli eserciti russi era la scarsa preparazione degli ufficiali; la maggior parte degli ufficiali erano poco più istruiti dei loro uomini, che non lo erano affatto, con l'eccezione della Guardia, dove gli ufficiali erano nobili.

I migliori ufficiali russi, dopo la morte del grande Suvorov, erano stranieri: Benningsen, Langeron e il principe Bagration, che pur suddito dello Zar era georgiano e non russo, mentre i rimanenti pigri e dediti al gioco ed al bere.

Nel 1805 l'esercito imperiale russo consisteva di 13 reggimenti di granatieri, 83 di moschettieri, e 22 reggimenti di fanteria leggera (*jäger*). Ogni battaglione di moschettieri, forte sulla carta di 738 uomini, era formato da una compagnia di granatieri e due di moschettieri; quello granatieri da una compagnia granatieri e due di fucilieri (eccetto il reggimento *Leib-Garde*, con tre battaglioni tutti di granatieri); i reggimenti *jäger* erano anch'essi su tre battaglioni.

La cavalleria inquadrava sei reggimenti di corazzieri, 30 di dragoni, otto di ussari, tre di ulani, uno di Tartari e numerose *sotnie* di cosacchi; i reggimenti di cavalleria pesante avevano cinque squadroni, mentre quelli di cavalleria leggera dieci: ogni squadrone inquadrava 140 uomini

Vi erano poi undici reggimenti di artiglieria, con i pezzi divisi in tre tipi di batterie: ippotrainate, leggere e pesanti, dette *batterie da posizione*.

Infine c'era la Guardia Imperiale, che combatté ad Austerlitz ed a Friedland, ma non ad Eylau, la quale comprendeva tre reggimenti di Granatieri della Guardia: il reggimento *Preobrazenski*, il reggimento *Semenovski* e il reggimento *Izmailovski*. Erano composti, diversamente dai Granatieri di Linea, da tre battaglioni di granatieri (a parte il *Preobrazenskji* che ne aveva quattro), formati ciascuno da quattro compagnie di granatieri.

Wilson li descrive come *di magnifico aspetto fisico, molto superiore a quello della Guardia di Napoleone, ed anche del corrispondente corpo prussiano.*

Gli *Jäger* della Guardia nel 1805 contavano un solo battaglione costituito da quattro compagnie di Cacciatori. Nel 1806 fu creato un secondo battaglione, elevando l'unità al rango di Reggimento.

Ogni battaglione della Guardia inquadrava 764 uomini, ventisei più di quelli di linea.

Vi era poi la cavalleria della Guardia, che seguiva l'organizzazione datale dal defunto zar Paolo, padre di Alessandro.

Il primo e più prestigioso reggimento, formato dai rampolli della nobiltà russa, era quello delle *Chevalier-Garde*, che per decenni aveva costituito la guardia personale degli zar, limitandosi tuttavia a svolgere compiti cerimoniali. Ciò era cambiato nettamente quando, salito al trono, lo zar Paolo I aveva creato un nuovo corpo di *Chevalier-Garde* che andasse a sotituire il precedente, che il sovrano riteneva

▲ Moschettiere della fanteria di linea russa. Tavola di A.V.Viskovatov

▲ Jäger russo. Tavola di A.V.Viskovatov

direttamente responsabile della morte del padre e del complotto ai propri danni. Il reggimento era poi divenuto un'unità di Corazzieri d'élite, anche se prima di entrare in azione avrebbe dovuto attendere la disastrosa sconfitta di Austerlitz.

Il secondo reggimento era quello delle *Leibs-Gardes*. Molto simile al precedente come organizzazione anche se di gran lunga più esperto in combattimento, era da sempre considerato l'unità di cavalleria più anziana della Guardia.

Lo status di *primo reggimento* fu tuttavia perso quando la nuova *Chevalier-Garde* gli venne affiancata sul campo, superandola per anzianità. La cosa portò inevitabilmente ad un acceso *ésprit du corps* tra i due reggimenti, che tuttavia non ne risentirono più di tanto in azione.

Il terzo e il quarto reggimento, i Cosacchi e gli Ussari della Guardia, erano invece provenienti dal disciolto reggimento *Gatchina*. Dopo l'ascesa al trono, Paolo aveva diviso le due componenti del vecchio reggimento misto in due unità separate, fondendole con analoghe formazioni preesistenti e incorporandole nella Guardia. Si trattava di due reggimenti altamente capaci, addestrate per anni alla maniera prussiana nella fortezza di Gatchina come unità di cavalleria leggera e venivano considerate le migliori dell'esercito.

I Cosacchi della Guardia inoltre, a diffe-

▲ Lo zar Alessanro I Romanov.

renza degli altri reparti cosacchi, erano considerati un'unità di cavalleria regolare.

I Cosacchi della Guardia provenivano per la maggior parte dal Don, eccettuata una *sotnia* di cosacchi degli Urali. A differenza del resto degli eserciti europei, al posto di Corpi d'armata e divisioni, l'esercito di Alessandro I era diviso in *Ispezioni*, ciascuna delle quali includeva almeno un reggimento granatieri,oltre a un numero variabile di reggimenti moschettieri e *jäger*. Questo sistema venne però abolito dopo Austerlitz, e vennero costituite, su modello francese le divisioni, così composte: un reggimento granatieri, un reggimento *jäger*, quattro reggimenti di moschettieri, due reggimenti di cavalleria pesante e uno di cavalleria leggera; due batterie da posizione, tre leggere ed una ippotrainata.

La Guardia formava una divisione a sé, inquadrante 33 battaglioni di fanteria, 35 squadroni di cavalleria inclusi i reggimenti Ulani e Dragoni della Guardia, 84 pezzi d'artiglieria, oltre a diversi reggimenti di granatieri e moschettieri di linea.

In vista della campagna del 1807 questi numeri aumentarono con la creazione di altre quattro divisioni di Linea, sei nuovi reggimenti *jäger*, e due nuovi reggimenti di cavalleria, uno di ulani ed uno di ussari; la Milizia imperiale (*Imperskiy Opolčenie*), arruolata per la prima volta nel 1806, acquisì un secondo battaglione, venendo denominata *Finlandski Garde- Jäger*.

IL CONTINGENTE PRUSSIANO.

Nel 1806, secondo Loraine Petre, l'esercito prussiano era una macchina da guerra ammirevole ma lento e rigido, erede della tradizione federiciana, ma anche della sconfitta subita a Valmy ad opera dei rivoluzionari francesi.

Quello prussiano era un esercito lento, carico di carriaggi, che poteva percorrere una distanza di cinque o sei leghe al giorno, i cui ufficiali superiori erano tutti così anziani da aver prestato servizio sotto Federico il Grande nella Guerra dei Sette anni (1757-1763) ed in quella di Successione Bavarese di dieci anni dopo.

La rigidezza dei movimenti delle formazioni prussiane, in cui l'addestramento rigidissimo puntava a far agire tutti gli uomini come uno solo, piuttosto che addestrare alla precisione del tiro ed al combattimento individuale, mise spesso in difficoltà i prussiani di fronte ai *tirailleurs* francesi; solo la cavalleria era superiore a quella francese, anche per l'eccellente qualità delle monte sequestrate però dopo Jena.

Tuttavia il contingente di 15.000 uomini della Prussia Orientale comandato dal conte Anton Wilhelm von l'Estocq (più frequentemente trascritto come Lestocq, forma che per convenzione utilizzeremo nel presente lavoro, sebbene meno corretto), un tenente generale di origini ugonotte nato nel 1738 e veterano delle guerre federiciane, si dimostrò assai combattivo e decisamente più aggressivo dei soldati battuti a Saalfeldt, a Jena ed ad Auerstädt quattro mesi prima, avendo un morale più alto degli sconfitti di Sassonia, per non essere stato impiegato nella campagna di ottobre ed un forte ansito di vendetta contro Bonaparte, oltre a poter contare su un comandante aggressivo coadiuvato da un Capo di Stato Maggiore come Gerhardt von Scharnost, e galvanizzato dalla presenza in Prussia Orientale del re Federico Guglielmo III e della regina Maria Luisa lì rifugiatisi.

Ed infatti i prussiani ad Eylau si batterono benissimo, malgrado una marcia durata ore sotto le tormente di neve, riuscendo quasi a costringere alla ritirata Davout, il vincitore di Auerstädt ed i suoi veterani, che non riuscirono a riconoscere nei prussiani di Lestocq gli stessi prussiani sconfitti ad ottobre. Gli stessi *tirailleurs* che avevano bloccate le truppe di Brunswick furono ricacciati nei boschi di betulle presso Klein Susgarten dalla baionetta dei *Landser* di Lestocq.

Per quanto riguarda l'organizzazione, ogni reggimento prussiano comprendeva tre battaglioni di moschettieri, due compagnie di granatieri ed una di *Landwehr*. Ogni battaglione moschettieri aveva quattro compagnie- ma molti ne avevano cinque- di 165 uomini ciascuna. Ogni battaglione era accompagnato da un pezzo da 6 libbre, servito dai fanti sotto la direzione di due artiglieri; di solito i reggimenti erano raggruppati in brigate con le compagnie di granatieri raccolte in battaglioni di formazione.

I reggimenti di cavalleria erano organizzati in cinque squadroni di 160 uomini, tranne i reggimenti di dragoni che avevano dieci squadroni; ma la cavalleria prussiana ad Eylau ebbe solo compiti secondari, pur tenendo in scacco la cavalleria leggera di Marulaz, dimostrandosi superiori ai cavalieri transalpini.

▲ Levin August von Benningsen, comandante russo nella campagna di Polonia del 1807

LA CAMPAGNA DEL 1805:
IL *SOLE DI AUSTERLITZ*

La campagna culminata nella battaglia combattuta e vinta da Napoleone I ad Austerlitz esattamente un anno dopo la consacrazione ad Imperatore dei francesi fu forse la più decisiva fra tutte quelle napoleoniche. Sicuramente la più celebrata.

Fu soprattutto quella che vide opporsi Napoleone al suo più coriaceo avversario, più degli inglesi e degli austriaci, quello che alla fine ne avrebbe causata la caduta: l'Impero russo di Alessandro I Romanov. E per quanto rapida la campagna del 1805 fu solo il primo atto dello scontro tra Francia e Russia che sarebbe finito per il momento solo con la vittoria di Friedland il 14 giugno 1807, e con il conseguente trattato di Tilsitt.

La prima parte della campagna vide il folgorante successo napoleonico di Ulm (o Ulma, all'italiana), col quale Napoleone, alla testa dell'armata trasferita da Boulogne nella Germania meridionale, mise fuori causa l'intera armata austriaca comandata dal generale Mack. Lo Stato maggiore austriaco, fidando nella lontananza di Napoleone, che si trovava con la Grande Armata sulle rive della Manica, di dove minacciava d'invasione l'Inghilterra, aveva ritenuto di poter tranquillamente occupare la Baviera, alleata con la Francia, per tenerla a bada e attendervi il rinforzo delle armate russe.

Ma non avevano fatto i conti con Napoleone, che con una fulminea mossa che meravigliò il mondo, condusse in soli 28 giorni, dal 27 agosto al 24 settembre, i suoi sette Corpi d'Armata ed il Corpo della cavalleria di riserva ovvero circa 200.000 uomini da Boulogne all'alto Reno, passò questo fiume col grosso delle forze in più colonne tra Magonza e Strasburgo, protetto dai monti di Svevia e della Foresta Nera, e finse di attaccare a occidente la regione di Ulm, dove il Mack si era nel frattempo concentrato. Poi, rapidamente scivolò lungo la sinistra dell'alto Danubio passò il fiume fra Ulm ed Ingolstadt e si presentò all'attacco delle posizioni di Ulm da oriente.

Il Feldmaresciallo Mack tentò allora di sfuggire all'accerchiamento aprendosi la via verso il nord allo scopo di unirsi ai russi avanzanti; ma anche questa strada era sbarrata dal Corpo del Maresciallo Ney, che Napoleone aveva lì collocato prevedendo il tentativo nemico.

L'armata austriaca retrocedette con alquanta confusione verso Ulm; e quivi il Mack, demoralizzato, si arrese con forze quasi intatte. Il Mack sarà sottoposto a consiglio di guerra e condannato a morte. A Napoleone si era aperta la via verso Vienna.

Nel frattempo, l'esercito russo che, comandato dal generale Mihail Kutuzov, fatta massa attorno a Brunn fino dal 22 ottobre 1805 si era raccolto sulla linea dell'Inn, saputo della capitolazione di Ulm il 17 ottobre, aveva iniziato una lenta ritirata allo scopo di coprire Vienna e di guadagnare tempo e spazio per attendere l'arrivo dell'armata d'Italia comandata dall'arciduca Carlo, di quella del Tirolo dell'arciduca Giovanni e i rinforzi russi.

Incalzato da vicino, aveva però dovuto rinunciare a coprire Vienna, decidendosi a passare sulla sinistra del Danubio.

Con una abile ritirata Kutuzov riuscì a sfuggire all'accerchiamento tentato da Napoleone e ripiegò in Moravia, riunendosi dal 20 al 26 ottobre ad Olmütz, in boemo Olomouć, ai rinforzi russi e agli austriaci. Napoleone, che, occupata senza contrasto Vienna il 13 novembre, era passato in Moravia con una parte soltanto delle sue forze, mostrò di voler entrare in trattative, dando la sensazione di cercare di sfuggire la battaglia, sicché gli alleati decisero di attaccarlo, movendo da Olmütz su Brünn, dov'egli era entrato il 20 novembre.

Napoleone, uscito da Brünn, avanzò oltre Austerlitz, ritirandosi poi a ovest di esso per aspettare il nemico sul terreno che aveva prescelto.

A Brünn Napoleone si trovava ormai in una situazione strategicamente pericolosa: le sue linee di rifornimento, troppo estese, rischiavano di interrompersi, aveva di fronte armate russe e austriache intatte

▲ Cacciatore a piedi della Guardia in alta uniforme. Disegno di N.T.Charlet (1792-1845)

▲ Napoleone arringa gli uomini del 2° Corpo sul ponte del Lech ad Augusta il 12 ottobre 1805. Tela del Gautherot.

e non poteva rischiare una campagna invernale lontano dalle sue basi. Aveva dunque bisogno di una battaglia decisiva per distruggere in un sol colpo gli eserciti avversari e concludere la campagna – e questa battaglia se la costruì. Fin dal 27 novembre aveva infatti mascherato accuratamente l'entità delle sue forze, numericamente inferiori, ma non di molto, a quelle nemiche, aveva dato ordine di sgombrare Austerlitz e l'altipiano di Pratzen, una forte posizione al centro del suo schieramento.

Il 30 novembre i due eserciti erano a fronte, distanti appena 4 km. l'uno dall'altro: i russi e gli austriaci sulla destra della Litava; i francesi sulla destra del ruscello paludoso chiamato Goldbach.

Tra i due ruscelli il terreno si eleva con l'altipiano di Pratzen (Pratec), gruppo di poggi così nominato dal villaggio che si trova a mezza costa in un burrone. I punti dominanti sono lo Stari-Vinohrad e il poggio di Pratzen. Le alture erano scoperte; facili i pendii; i valloni impaludati allora per le piogge e in parte coperti di ghiaccio.

Napoleone aveva ordinato di ritirare le avanguardie da Wischau, sul suo fianco sinistro, in apparente confusione, come se i francesi fuggissero davanti al nemico. Chiese poi formalmente di incontrare lo zar e ricevette invece la visita del favorito di Alessandro, il conte Dolgorukij, un giovane vanesio che si comportò come se gli alleati avessero già la vittoria in tasca. Davanti a questa tracotante esibizione di sicurezza Napoleone si mostrò quasi trepidante, alimentando l'impressione di paventare la battaglia che invece desiderava e pianificava accuratamente. La testimonianza dell'allora aiutante di campo Philippe de Ségur è una delle poche che esplicitano il piano strategico che portò alla battaglia di Austerlitz:

" Il 30 novembre, fermatosi sull'altopiano di Pratzen che si stende verso Austerlitz, [Napoleone] pronunciò, udibili alle nostre orecchie, queste parole che gli eventi di due giorni dopo avrebbero rese profetiche: "In possesso di questa forte posizione", disse "sarebbe facile per me fermare i russi, ma in questo caso sarebbe soltanto una battaglia normale, mentre, lasciandola a loro e ritirando la mia destra, se osano scendere da queste alture per aggirarmi, sarebbero perduti!"

Di conseguenza, già in quello e nel giorno seguente, ritiratici dietro questo altopiano, fu formata una linea di battaglia obliqua, con la sinistra avanzata e la destra arretrata e quasi celata dietro i laghi Melnitz e Telnitz o Satchau [in realtà Satchan]. La nostra estrema sinistra invece appariva forte ed era avanzata e ancorata al ripido rilievo chiamato Santon. Questa posizione obliqua sembrava esclusivamente difensiva, anzi mostrava una certa timidezza, pareva negligentemente guardata al centro e soprattutto sulla destra, sembrava formidabile soltanto sulla sinistra, ma Bernadotte e le nostre riserve potevano con un rapido movimento prendere alle spalle o sul fianco ogni attacco mosso contro i nostri centro o ala destra."

Lo sgombero dall'altopiano di Pratzen offriva effettivamente agli alleati un'allettante occasione per interporsi tra Vienna e l'esercito francese, aggirandone il fianco destro per sboccare nella valle del fiume Schwarzawa attraverso la quale passavano le linee di comunicazione francesi con Vienna. Il piano del generale austriaco François Weyrother prevedeva addirittura un duplice aggiramento sui fianchi di un nemico ritenuto in inferiorità numerica, in ritirata o paralizzato dalla paura e che comunque sembrava aver volontariamente sgombrato la sua più forte posizione. Gli alleati non conoscevano le posizioni e le forze dei francesi perché coperte dalle alture di Pratzen: Napoleone, invece, dal poggio detto dai francesi *le Santon* e dall'altipiano di Pratzen, il giorno precedente alla battaglia aveva scorto le posizioni nemiche e bene studiato il terreno. Egli, inoltre, ritirando gli avamposti dalla Litava e sgombrando Austerlitz, aveva confermato gli alleati nel convincimento che volesse ritirarsi per timore di essere attorniato a dritta e tagliato da Vienna, e li aveva indotti con ciò ad aggirare la sua destra. Per evitare lo scoraggiamento delle sue truppe, Napoleone, con provvedimento nuovo nella storia, aveva, nell'ordine del giorno, spiegato a esse il piano della battaglia, annunziando che *mentre i nemici marceranno per aggirare la mia destra, essi mi presenteranno il fianco.*

"Austerlitz, 10 frimaio anno XIV. (1 dicembre 1805.)

L'esercito russo, o soldati, viene contro di voi per vendicare l'esercito austriaco disfatto a Ulm.

Esso è composto dei medesimi battaglioni che avete combattuti a Hollabrunn, e che fino a qui avete continuamente inseguiti.

Formidabili sono i luoghi che occupiamo, e intanto che essi marceranno per aggirare la mia destra[12],essi mi presenteranno il fianco[13].

Io stesso, o soldati, dirigerò i vostri battaglioni[14], e mi terrò lontano dal fuoco, se la vostra consueta bravura sbaraglierà e confonderà i nemici; ma vedreste il vostro Imperatore esporsi ai primi colpi qualora incerta fosse la vittoria. Ma per essa non vi deve essere incertezza alcuna in questa giornata, in cui è in gioco l'onore della fanteria francese, che tanto importa all'onore di tutta la nazione, non vogliate, sotto pretesto di trar fuori i feriti, scomporre le file. Abbia ognuno fermo proponimento, che bisogna vincere questi stipendiati dell'Inghilterra, così ostinata nell'odio contro la nostra Francia.

Con questa vittoria avrà termine la nostra guerra; e quindi potremo tornare ai nostri alloggiamenti d'inverno, dove saremo raggiunti dai nuovi eserciti che si formano in Francia: e allora la pace che io stipulerò, sarà degna del mio popolo, di voi, e di me stesso."

E così fu.

Nella fredda e oscura notte, dai campi degli alleati si poterono udire le formidabili grida che dai francesi si levavano ad acclamare l'Imperatore che percorreva i bivacchi, illuminati da centinaia di fiaccole improvvisate: *C'est l'anniversaire! Vive l'Empereur!*. La lotta stava per impegnarsi.

Gli austro-russi schieravano 86.000 combattenti su 113 battaglioni e circa 200 squadroni di cavalleria; di essi solo 14.000 erano austriaci; i francesi avevano 74.000 uomini su 93 battaglioni, 80 squadroni e circa 200 pezzi d'artiglieria. Combattevano con l'esercito francese due battaglioni italiani della Guar-

---

12   Var.: marceranno sulle nostre batterie.
13   Var.: io attaccherò i loro fianchi
14   Var.: Là io li colpirò dirigendo personalmente i vostri battaglioni.

dia Reale, due battaglioni corsi, chiamati dai soldati i *cugini dell'impertore*, che combattevano con gli italiani per l'affinità linguistica, e una parte delle truppe piemontesi: il battaglione *Tirailleurs du Po*, il 26° *Chasseurs à cheval* e il 21° dragoni. Presenti fra le truppe erano l'Imperatore Alessandro I di Russia, l'Imperatore Francesco II e Napoleone I: la giornata di Austerlitz fu perciò chiamata *battaglia dei tre imperatori*, anche se in realtà i due imperatori alleati non esercitavano un comando effettivo, né erano sostituiti da un unico capo responsabile: e ciò a cagione delle diffidenze e delle gelosie dei generali di varie nazionalità e anche delle reciproche antipatie dei gregari. Nel campo francese, invece, regnava la più perfetta unità di comando nelle mani di Napoleone.

La mattina del 2 dicembre 1805, primo anniversario dell'incoronazione dell'Imperatore dei francesi, gli alleati si apprestavano alla battaglia. Il loro disegno, architettato dal generale Weirother, era quello di portare avanti la sinistra, dove più denso era lo schieramento, contro l'ala destra francese (sud), mentre la parte minore attaccherebbe la sinistra nemica.

Le due ali dovevano poi ricongiungersi sulla destra del Goldbach e ributtare i francesi, cercando di tagliarli fuori da Vienna. Era, in sostanza, un attacco per le due ali, su circa 18 km. di fronte, il quale lasciava un vuoto nel mezzo di circa 4 km., che doveva essere coperto da 80 squadroni di cavalleria. Napoleone, intuito il disegno del nemico, si proponeva di irrompere con la massa principale delle sue forze sul centro degli alleati, isolarne la sinistra e avvolgerne e distruggerne la destra.

Per effetto di tale disegno si può dire che la destra francese, non molto forte, comandata dal maresciallo Davout, combattesse contro la sinistra russa una sua separata battaglia. Alle sette del mattino incominciò il movimento generale degli alleati, favorito dalla nebbia: alle otto la nebbia si dissipò, ed alla chiara luce del sole, il leggendario *sole di Austerlitz*, Napoleone poté osservare il movimento del nemico. La prima delle cinque colonne che costituivano la sinistra dagli alleati, comandata dal generale Dochturov, cacciava la destra francese da Tellnitz, ma non riusciva a sboccare dal villaggio: la seconda e terza s'impadronivano di Sokolnitz, ma ne erano poi rigettate. In una lotta, continuata furiosamente per gran parte della giornata attorno a Tellnitz e Sokolnitz, Davout, con forze assai inferiori, contrastò con ottimo successo il passo del Goldbach, sventando la parte principale del disegno nemico. Alle otto la quarta colonna russa di 28 battaglioni, con la quale era Kutuzov, si avanzò da est verso il margine dell'altopiano di Pratzen; ma mentre stava per occuparlo fu attaccata dal centro francese (Soult), lanciato al momento giusto al contrattacco da Napoleone. Il IV Corpo di Soult, rinforzato dai granatieri di Bernadotte della riserva generale, combattendo con grande impeto, s'impadroniva del poggio di Pratzen e dello Stari-Vinohrad, mettendo in rotta i russi verso la Litava: quindi, con un cambiamento di fronte a destra, si volgeva contro il fianco e il tergo della sinistra nemica (prima, seconda e terza colonna) fronteggiate da Davout. Nel corso dei combattimenti si distinsero particolarmente i *Tirailleurs du Po*. Intanto, verso le 8, anche la sinistra francese con i Marescialli Lannes e Murat s'avanzava alla battaglia contro la più debole destra russa - 12 battaglioni e 4500 cavalieri - comandata dal generale Bagration, il quale, dopo una lunga ed eroica resistenza e nonostante l'aiuto della cavalleria di Lichtenstein, fu battuto e isolato da un rapido cambiamento di fronte a sinistra delle truppe di Lannes.

Al centro la Guardia russa del granduca Costantino, lì accorsa, fu rigettata su Austerlitz dalle truppe di riserva di Bernadotte e Bessières. Così, verso l'una pomeridiana, l'ala destra e il centro russo erano messi pressapoco fuori causa, e contro l'ala sinistra, isolata e come racchiusa nella pianura, piombò lo sforzo principale del centro francese. La seconda e la terza colonna degli alleati, prese sul fianco destro e trattenute sul fronte da Davout, furono messe in piena rotta e in parte gettarono le armi arrendendosi. Vedendo la sconfitta delle due colonne, il generale Dochturov, comandante la prima colonna, aggregò alle proprie truppe gli avanzi di quelle e, presa posizione innanzi agli stagni di Mönitz (Měnín) e Satochan e pur continuando a trattenere Davout, arrestò per più di un'ora l'avanzata vittoriosa di Soult.

Ma Napoleone, dalla cappella di S. Antonio, preparato l'attacco con un grande bombardamento di artiglieria, lanciò la fanteria in un assalto generale. I russi, addossati agli stagni e rigettati indietro a folla, si precipitarono sulla diga che separa i due stagni, dove, schiacciati dal fuoco micidiale e vicino dell'artiglieria leggiera francese, vennero gettati nello stagno di Monitz coperto di uno strato di ghiaccio. Il ghiaccio non resse al peso e duecento russi (tramutati in 20.000 dalla propaganda napoleonica) annegarono; uguale sorte incontrò sullo stagno di Satschan una colonna d'artiglieria che tentava di ritirarsi per un'antica diga sommersa. La notte, presto sopraggiunta, impedì un inseguimento a fondo: i vincitori bivaccarono sulle posizioni tenute il mattino dagli alleati. Le perdite dei francesi furono 6-7000 uomini, di cui 2000 morti.

Gli austriaci perdettero circa 6.000 uomini, più di un terzo dei loro effettivi, e i russi non meno di 21.000 soldati, di cui 10 -11 mila vennero fatti prigionieri.

Alla sera Napoleone percorse l'intero campo di battaglia, felicitandosi con i comandanti e con i soldati, e preoccupandosi degli innumerevoli feriti.

"Napoleone ordinò a tutto il suo seguito di rimanere in silenzio, in modo di udire i lamenti dei feriti. Quando sentiva uno di questi sfortunati, gli si faceva accanto, dopo esser smontato, e gli faceva bere un bicchierino del brandy di cui aveva sempre una scorta con sé... il suo squadrone di scorta passò l'intera notte a togliere i cappotti ai caduti russi per coprire i feriti..."

Due giorni dopo la battaglia, l'Imperatore Francesco II d'Asburgo- Lorena si recò personalmente al castello di Austerlitz a parlamentare con Napoleone, dal quale ottenne il 6 dicembre una tregua che fu presto seguita dalla pace di Presburgo che venne firmata il 26 dicembre, stipulata senza l'intervento dei russi. con la quale cedette le antiche provincie venete al Regno d'Italia, il Vorarlberg, il Tirolo, il Trentino, Passau, Lindau e Augusta all'elettore di Baviera, che riceve il titolo regio, la Svevia al duca di Württenberg pure fatto re, il Brisgau, l'Ortenau e Costanza al marchese di Baden che diviene granduca. Intanto, il 15 febbraio 1806, Masséna entrava in Napoli, mentre i Borboni si rifugiavano per la seconda volta in Sicilia. Napoleone riordinò da capo l'Italia: assegna Napoli al fratello Giuseppe, aggiunse al Regno italico le nuove provincie ottenute dall'Austria, ma tolse il ducato di Guastalla per sua sorella Paolina, moglie del principe Camillo Borghese, e il principato di Massa e Carrara per Elisa Baciocchi, già principessa di Lucca e Piombino, e trasformò la Repubblica batava in Regno d'Olanda per suo fratello Luigi nel giugno 1806 e creò - antico disegno del Mazzarino - la Confederazione del Reno, di cui si proclamò protettore nel luglio 1806.

Così finiva dopo ottocentosei anni dall'incoronazione di Carlo Magno il Sacro Romano Impero della Nazione Tedesca, di cui Goethe aveva detto non essere né sacro né romano, e nemmeno un impero, e Francesco II, rinunziando di malavoglia a una dignità che per tanti secoli aveva dato forza e prestigio alla sua famiglia, conservava solo il titolo d'Imperatore d'Austria, assunto già nel 1804, mentre il cancelliere Franz de Paula von und zu Colloredo Mels und Wallsee si dimetteva da ultimo Cancelliere del Sacro Romano Impero, venendo sostituito dal principe di Metternich, primo Cancelliere dell'impero austriaco.

1806: LA GUERRA LAMPO CONTRO LA PRUSSIA

Il Regno di Prussia, che dalla pace di Basilea (aprile 1795) era rimasta in pace con la Francia, e neutrale nella guerra del contro l'Austria e la Russia, dopo la grande vittoria d'Austerlitz si era stretta in alleanza con la Francia, mediante un trattato ratificato il 15 febbraio 1806.

Con essa, in cambio dei territorî di Ansbach, da cedersi al regno di Baviera, di Cleves da formarne insieme con Berg un granducato per Murat, e di Neuchâtel, la Prussia avrebbe ricevuto l'Hannover, ducato appartenente al re d'Inghilterra, appartenente alla dinastia hannoveriana.

Ma tre mesi dopo il trattato, Napoleone, per far pace con l'Inghilterra, offriva a questa di lasciarle l'Hannover. Quando il re di Prussia Federico Guglielmo III seppe dell'offerta cessione ordinò la mobilitazione dell'esercito il 9 agosto 1806, obbedendo al partito della guerra capitanato dalla regina, la bella Maria Luisa, e dal principe Luigi; partito fortissimo in Prussia, ove il sentimento tedesco era rimasto offeso dalla costituzione della Confederazione renana sotto la protezione di uno straniero. La Prussia aprì trattative d'alleanza con la Russia, la quale, insieme con l'Inghilterra e con la Svezia, era ancora in guerra con la Francia. Si formò, così, quella che fu chiamata la Quarta coalizione. Le cose precipitavano: il 25 settembre 1806, il re di Prussia mandò a Parigi un ultimatum, col quale si chiedeva alla Francia di sgombrare i territorî tedeschi e di rinunziare al protettorato sulla Confederazione del Reno.

Napoleone rispose concentrando la *Grande Armee*, che, dopo la pace di Presburgo, era ancora in Franconia e in Svevia. Il 9 ottobre la Prussia dichiarava la guerra.

Anche questa volta la fulminea rapidità di concezione e di esecuzione dell'Imperatore gli permise di sorprendere i Prussiani avanti l'arrivo dei russi: e mentre al quartier generale prussiano si succedevano i consigli di guerra, egli ideava e iniziava una manovra aggirante analoga a quella che lo aveva condotto a Ulm nel 1805.

I Prussiani entrarono in Sassonia, ne trassero un contingente di 20 mila uomini e si spinsero sino alle falde delle foreste di Turingia e di Franconia, divisi in due armate, una di 80 mila uomini al comando del duca di Brunswick, già generalissimo nel 1792; l'altra di 60 mila sotto il principe di Hohenlohe: vi era inoltre un corpo di riserva di 15 mila uomini agli ordini del principe del Württemberg. L'esercito francese passò la frontiera, preceduto da una grande esplorazione di cavalleria, eseguita da quattro brigate al comando di Murat che s'impadronì dei magazzini prussiani.

Il 10 ottobre l'avanguardia prussiana formata da 8500 uomini comandata dal principe Luigi Federico di Prussia fu attaccata e disfatta a Saalfeld dal Lannes, con perdite gravi fra cui quella del principe caduto sul campo.

Dopo di ciò Napoleone procedé con un cambiamento di fronte a un'azione pronta e decisiva tendente a separare i Prussiani dall'Elba. Per effetto di supposizioni errate, dall'una come dall'altra parte, il 14 ottobre ebbe luogo la grande battaglia che prese il nome da Jena; ma che fu in realtà una duplice contemporanea battaglia: a Jena della massa principale francese sotto gli occhi dell'Imperatore contro le forze minori del principe di Hohenlohe, e ad Auerstädt fra il principale esercito prussiano del duca di Brunswick col quale era il re Federico Guglielmo III, con 60.00 uomini contro il III Corpo di Davout di soli 25.000 francesi.

All'alba del 14 ottobre i corpi di Hohenlohe avanzarono da Weimar verso Jena, dando inizio alla battaglia. I prussiani trattenuti e attaccati sul fronte dalle truppe dei marescialli Ney e Lannes dinnanzi a Jena, da quelli di Augereau tra il centro e la destra e da Soult sul fianco sinistro e poi nel pomeriggio dal Corpo di Murat e dalla Guardia lanciata al momento giusto dall'Imperatore, vennero superati, rotti e respinti su Weimar nonostante il valore delle loro fanterie.

Un loro corpo di rinforzo di 20 mila uomini agli ordini del gen. Rüchel, che si avanzava, rinnovò per poco tempo la battaglia ma ben presto venne sbaragliato. I francesi la sera occupavano Weimar.

Frattanto il grosso delle forze prussiane attaccava, fra Auerstädt e lo spianato di Hassenhausen, il

Corpo di Davout. Questi, giudicando con retto criterio lo stato delle cose, pmpose al Bernadotte che era schierato ad Apolda, fra Jena e Auerstädt, di condurre uniti i loro due corpi sino ad Apolda, assumendone egli, Bernadotte, il comando; ma questi, interpretando e applicando alla lettera un ordine precedente dell'Imperatore, vi si rifiutò, e così rimase inoperoso fra due battaglie. Le tre divisioni Gudin, Friant e Morand furono veramente mirabili per fermezza nel resistere e per audacia nel contrattaccare. Sostenute da sapiente impiego dell'artiglieria, finirono per aver ragione dei ripetuti attacchi dei battaglioni e della cavalleria prussiana. Di fronte a loro cadde il fiore dell'esercito di Prussia, fra cui il generale in capo duca di Brunswick e il generale Möllendorf, vecchi avanzi dell'epoca federiciana, e il generale Schmettau, comandante l'avanguardia.

Davout, con 30 000 uomini e 46 cannoni, era riuscito a effettuare un doppio accerchiamento delle forze prussiane, costituite da 52000 uomini e 163 cannoni, perdendo, in quel sanguinoso combattimento, 7000 uomini tra morti e feriti, ma infliggendo quasi il doppio delle perdite ai prussiani.107 Fu una delle più straordinarie vittorie delle guerre napoleoniche, e, come ad Austerlitz, Davout aveva completamente ribaltato il pronostico in favore dei francesi. Quando il colonnello Falcon, aiutante di campo di Davout, riferì a Napoleone che non aveva sconfitto il grosso dell'esercito prussiano ma soltanto il distaccamento di Hohenlohe, Napoleone non volle crederci, e ribatté: *Il vostro maresciallo deve vederci doppio*. Ma quando si rese conto della verità, Napoleone si dimostrò estremamente caloroso.

Comunicate al Maresciallo che lui, i suoi generali e le sue truppe hanno acquisito un eterno diritto alla mia riconoscenza, disse a Falcon, concedendo alle truppe di Davout l'onore di guidare l'entrata trionfale a Berlino il 25 ottobre.

Ciò nonostante, l'impresa di Auerstädt non venne ricordata sugli stendardi in segno d'onore, perché avrebbe messo a confronto la grande vittoria riportata da Napoleone su Hohenlohe con quella ancora più stupefacente riportata da Davout su Brunswick. Bernadotte, invece, non era riuscito ad arrivare in tempo su nessuno dei due campi di battaglia, cosa che Napoleone e Davout non gli perdonarono mai sino in fondo.

Avrei dovuto far fucilare Bernadotte, disse Napoleone a Sant'Elena, e sembra che già all'indomani della battaglia avesse preso in considerazione, per un momento, la possibilità di portarlo davanti alla corte marziale.

Nella giornata di Jena-Auerstädt, che fu per i francesi la rivincita di Rossbach, i Prussiani perdettero 60 bandiere, 300 cannoni, immensi magazzini, bagagli, 30 generali uccisi, feriti o prigionieri e un terzo del loro esercito: il resto sbandato e avvilito.

Napoleone ne scrisse a Giuseppina in termini quantomai modesti:

"Jena, 15 ottobre, a 3 ore del mattino, 1806.

Mia amica, ho fatto belle manovre contro i Prussiani.

Ieri ho riportato una gran vittoria. Essi erano 150.000 uomini; ho fatti 20.000 prigionieri, presi 100 pezzi d'artiglieria, e delle bandiere.

Io ero presente, e vicino al re di Prussia; potevo prenderlo insieme alla regina.

Sono accampato da due giorni. Io sto a meraviglia.

Addio, mia amica, sta bene, ed amami. "

Dopo aver sconfitto l'esercito che era stato del grande Federico a Jena e ad Auerstädt, il 25 ottobre i francesi entravano in Berlino passando sotto la porta di Bradenburgo, e Napoleone mandava a Parigi la spada di Federico II di Hohenzollern.

Per sé tenne l'orologio del re, che lo accompagnò sino al suo ultimo giorno di vita a Longwood: un destino allora inimmaginabile; poi, spintosi nella Polonia prussiana, occupava, il 20 dicembre, Varsavia, accolto dappertutto come liberatore.

a occasione. In buona sostanza, questa poderosa spallata napoleonica, era costata ai prussiani circa 20.000 tra morti e feriti e 140.000 prigionieri.

Il re Federico Guglielmo però, da in ossequio ai canoni di granitica e prussiana determinazione, dal rifugio presso Königsberg, dove era riparato con la corte, rifiutò di riconoscersi vinto, e respinse le profferte di pace dell'Imperatore che, assieme ad altri assillanti pensieri, aveva anche quello dei circa 15.000 prussiani del generale Lestocq che si trovavano nella Prussia orientale e che, non avendo combattuto in Sassonia, e aveva ancora una buona capacità operativa, come i francesi avrebbero provato a proprie spese ad Eylau.

IIl 21 novembre Napoleone pubblicò a Berlino il famoso decreto istutivo del blocco continentale contro l'Inghilterra in risposta al blocco fittizio britannico contro la Francia e i paesi satelliti dichiarato dall'Inghilterra.

Fallita l'impresa d'Egitto e perduta per sempre, dopo

▲ Il Maresciallo Michel Ney, duca d'Elchingen, e principe della Moskova nel 1805. Tela del Gerard.

Trafalgar, la speranza di sbarcare un esercito nelle Isole Britanniche, la chiusura del continente, mezzo estremo di lotta già pensato anch'esso dalla Convenzione, avrebbe dovuto costringere l'Inghilterra a dichiararsi vinta e a deporre le armi.

Per effetto del blocco nessuna nave che provenisse direttamente dall'Inghilterra o dalle sue colonie poteva più essere accolta nei porti dell'Impero francese. Più tardi, in risposta alle analoghe misure prese dall'Inghilterra, Napoleone con i decreti di Fontainebleau e Milano del 1807 dichiarò confiscabili le navi neutrali che avessero fatto scalo in porti inglesi.

Gravi furono le conseguenze economiche del blocco, ma non meno gravi quelle politiche. Nell'agosto 1807 una flotta inglese comparve a Copenaghen e, adducendo a pretesto che la Danimarca era alleata della Francia, s'impadronì di tutta l'armata e spogliò l'arsenale, dopo aver bombardata la città per due giorni causando duemila vittime tra i civili danesi[15].

Efficace nel biennio 1807-08, quando vi aderirono Russia, Prussia, Danimarca, l'Impero austriaco e la Svezia, il blocco gravò poi pesantemente sulla politica economica e sociale della Francia; dopo il 1809 perdette rapidamente efficacia.

---

15   Comandante delle truppe britanniche al seguito della flotta era sir Arthur Wellesly, futuro duca di Wellington, che chiamò Copenhagen il cavallo da lui montato a Waterloo il 18 giugno 1815.

1807: LA CAMPAGNA DI POLONIA

Napoleone fece occupare il territorio tra l'Oder e la Vistola soprattutto per sottrarlo ai russi, ma anche perché sperava di impedire ai prussiani di prepararsi alla rivincita e di persuadere gli austriaci a rimanere neutrali. Il 4 novembre venne informato che 68.000 russi stavano avanzando da Grodno verso 509 Blocchi ovest con l'intenzione di riunirsi ai 15.000 prussiani al comando del generale Anton von Lestocq.

"Se lascio avanzare i russi, potrei perdere il sostegno e le risorse della Polonia; potrebbero indurre l'Austria, che ha finora esitato soltanto perché erano così lontani, a prendere una decisione; e si porterebbero dietro l'intera nazione prussiana."

Perciò Murat, Davout, Lannes e Augereau continuarono ad avanzare fino alla Vistola dove allestirono delle teste di ponte prima di rientrare nei loro accantonamenti invernali sulla sponda occidentale del fiume. Marciare verso est a migliaia di chilometri da Parigi, procedendo nel gelido inverno in una delle aree rurali più povere e peggio rifornite d'Europa contro due nazioni nemiche, e con un'altra forse ostile a sud, sarebbe stato comunque un considerevole rischio, per quanto non peggiore di quello affrontato nella campagna di Austerlitz. Nella successiva fase della campagna quasi tutti gli scontri avvennero nella Prussia orientale, un'area con un'estensione di 9400 chilometri quadrati. Si tratta in gran parte di terreno pianeggiante e paludoso con numerosi fiumi, laghi e foreste. In inverno le temperature scendono fino a 30 gradi sotto zero e la luce diurna dura soltanto dalle sette e mezzo del mattino alle quattro e mezzo del pomeriggio.

Mandò in avanscoperta il suo dipartimento topografico a mappare e tracciare il territorio, a registrare il nome di ogni villaggio, la popolazione e persino il tipo di terreno; accanto a queste informazioni era apposta la firma dell'ufficiale responsabile, in modo da poterlo convocare in seguito per avere ulteriori dettagli.

Nel rispetto della tradizione di grande mobilità e manovrabilità che la *Grande Armée* si era guadagnata all'insegna del motto in base a cui *tutti devono marciare*, l'Imperatore intendeva entrare in profondità e rapidamente in territorio polacco, per riservare ai russi lo stesso trattamento che aveva riservato poco prima ai prussiani.

Tra i motivi degli enormi disagi cui furono sottoposte le truppe francesi nel corso di questa campagna, infatti, c'era quello che era sempre stato il tallone d'Achille dell'Armata di Napoleone: la logistica. Fino a quel momento infatti, e con successo, la politica di approvvigionamento della *Grande Armée*, si era pressoché esclusivamente basata sul diretto reperimento delle risorse per rifornire le truppe sui territori occupati e sul trasporto via carriaggi, ma questi due elementi cardine, saltarono completamente nel corso della Campagna di Polonia, sia per la povertà del territorio, che per il disastroso stato della viabilità, costituita per la quasi totalità, da carrarecce e viottoli che, quando non innevati, erano solo sentieri acquitrinosi e fangosi. Le strade spesso erano solo piste non tracciate sulle mappe; persino la strada principale tra Varsavia e Posen era sterrata e priva dei fossi laterali. Pesanti piogge avevano trasformato tutta la zona in un mare di fango, dove i cannoni avanzavano a una velocità massima di meno di due chilometri all'ora.

Per quanto riguarda il primo, Napoleone distingueva sempre tra vivere delle risorse di un paese, come doveva fare il suo esercito per il vettovagliamento insufficiente, e uno spaventoso saccheggio.

Ci voleva una certa disposizione ai sofismi, ma la sua mente elastica era atta allo scopo. Spesso in futuro avrebbe accusato gli eserciti austriaco, britannico e russo di saccheggio per atti analoghi a quelli che, come certo sapeva, il suo esercito aveva compiuto in molte occasioni.

Vivevamo di quello che trovavano i soldati, ricordava un ufficiale dell'epoca. *Un soldato non ruba mai niente, trova e basta*. Uno dei comandanti più competenti di Napoleone, il generale Maximilien Foy, in seguito sottolineò che se i soldati di Napoleone avessero *aspettato di mangiare fino a quando l'amministrazione dell'esercito non avesse fatto distribuire le razioni di pane e di carne, forse avrebbero patito la fame.*

Ed è quello che successe appunto nella campagna di Polonia, dove le risorse locali erano assolutamente insufficenti.

A questo punto della stagione, quasi *obtorto collo*, l'Imperatore dovette dare gli ordini per l'acquartieramento invernale, ma di lì a poco il miraggio di un po' di tregua per i provatissimi suoi uomini, svanì a seguito delle manovre di Bennigsen, che tentava di colpire qualche reparto francese che si fosse spinto a bivaccare distante dal grosso. Napoleone reagì rimettendo prontamente in moto la sua poderosa macchina militare.

Entrato in Varsavia senza sparare una sol colpo il 28 novembre 1806, Napoleone superò poi la Vistola in cerca dei soldati dello Zar agli ordini del generale Bennigsen, il quale adottò quella che sarebbe stata più tardi, nella campagna del 1812, la tattica principale di fronte alle forze di Napoleone, quella di dileguarsi al calare delle tenebre, costringendo i francesi ad estenuanti inseguimenti, come scrive il colonnello Stefano Manni, grande appassionato ed esperto dell'epopea napoleonica[16].

Il conte Levin Benningsen, un hannoveriano sessantaduenne entrato al servizio di Caterina la Grande nel 1773, viene descritto da Philippe de Segur come *un personaggio pallido, imbiancato, di alta statura e di carattere freddo* e da Jomini come *un misto piuttosto irriconciliabile di imprudenza impetuosa e di irrisolutezza*, Benningsen era un comandante originale ma inflessibile i cui mezzi successi nel corso della campagna vengono spiegati da Loraine Petre come dovuti più al valore dei suoi soldati che alle capacità del comandante. Va ricordato come Benningsen fosse stato uno dei cospiratori che avevano ucciso lo zar Paolo I il 23 marzo 1801- per la precisione a guidare la congiura furono proprio lui e il conte Piotr Aleksevich Pahlen- partecipando anche materialmente al regicidio, scoprendo lo zar nascosto dietro una tenda della propria stanza da letto nel castello Michajlovskij a San Pietroburgo, e colpendolo in testa con una tabacchiera d'oro[17]. Il fatto che Benningsen, anziché esser condannato a morte, nel 1807 sarà comandante in capo dell'esercito russo a parer nostro dice molte cose circa la partecipazione o meno di Alessandro I nell'assassinio dello zar suo padre.

Ben più capace era il principe Piotr Bagration, erede della corona di Georgia, e creato principe dallo zar; definito il *Ney russo* era un comandante coraggioso e dotato, sebbene a volte fin troppo impetuoso, capace di ispirare una cieca devozione nei propri uomini. Ad Austerlitz, dopo esser stato battuto da Murat e da Lannes riuscì a ritirarsi combattendo in buon ordine mentre i resto dell'esercito alleato veniva annientato; allo stesso modo dopo Eylau coprì la ritirata russa con abilità, e venne sconfitto a Friedland per gli errori di Benningsen e non per propria colpa.

Napoleone I lasciò sperare in una restaurazione del regno di Polonia, e rievocando, come aveva fatto con gl'Italiani dieci anni prima, le grandi memorie nazionali, accese l'entusiasmo dei patrioti, di cui parecchi accorsero sotto le sue bandiere.

In realtà Napoleone aveva scarsa simpatia per le aspirazioni irredentistiche polacche:

"Polonia! Tanto peggio per loro. Essi hanno permesso di venire spartiti, non sono più una nazione, non hanno uno spirito patriottico. I nobili contano troppo; il popolo troppo poco. E' un corpo morto cui bisogna ridare vita, prima di poterne fare qualcosa. Prima di tutto io farò di loro degli ufficiali e dei soldati; poi si vedrà. Io prenderò la parte della Prussia; avrò Posen e Varsavia, ma non toccherò Cracovia, Helicz o Vilna. "

Come ebbe a dire una volta a Bourrienne:

"Mi piacerebbe rendere indipendente la Polonia, ma si tratta di una cosa molto difficile. L'Austria, la Prussia e la Russia si sono prese tutte una fetta della torta; una volta che il fiammifero è acceso, nessuno sa dove può arrestarsi la conflagrazione....Noi dobbiamo rimettere questo problema al sovrano di tutte le cose: il tempo."

Sicuro così alle proprie spalle, passò la Vistola e s'inoltrò nelle immense pianure della Polonia russa.

Il 26 dicembre si ebbe un duro combattimento a Pultusk il cui esito risultò incerto; Lannes si trovò di fronte circa 35.000 russi con 40 cannoni con a disposizione le sue due divisioni e una di Davout con circa 25.000 uomini. C'era dunque una notevole disparità di forze e Lannes tentò lo stesso di prendere

16   https://stefanomanni.wordpress.com/category/01-guardia-imperiale/granatieri-a-cavallo/
17   Altri dicono che a colpire Paolo I sia stato il conte Nikolaj Zubov; suo fratello Platon strangolò poi l'imperatore con una sciarpa.

la città ma non riuscì a fare niente contro i ranghi serrati della fanteria di Bennigsen comandati da Barclay de Tolly sulla destra e da Bagavout sulla sinistra. Nonostante questa superiorità alle 3 del pomeriggio Bennigsen si rese conto che la divisione di Gudin stava arrivando in aiuto di Lannes e decise che era un rischio troppo grosso continuare a combattere. Quella stessa notte i russi iniziarono ad abbandonare Pultusk ritirandosi dietro le rive del Narew.

Nello stesso giorno si ebbe un duro combattimento a Golymin, 19 chilometri dal Pultusk tra Davout e Augereau con 38200 uomini e l'avanguardia di Buxhowden che disponeva di 18.000 uomini comandata da Doctorov; la battaglia si risolse a favore dei francesi nonostante la resistenza dei russi.

Buxhowden era un mediocre comandante di origini tedesche, dedito al bere come molti ufficiali dello zar, che aveva raggiunto i vertici dell'esercito più per il proprio matrimonio che per reali capacità militari; aveva perso il proprio comando ad Austerlitz perché era troppo ubriaco per riuscire a dare ordini, ma malgrado ciò ebbe di nuovo un comando importante nel 1807, con i risultati che ben si possono immaginare.

Entrambe le parti persero circa 1000 uomini senza però un risultato definitivo perché i russi riuscirono a sottrarsi all'inseguimento mentre le condizioni del tempo volgevano al peggio impedendo ai francesi di organizzare l'inseguimento. Anche se queste azioni non erano da considerarsi delle sconfitte servirono comunque a convincere i russi ad ordinare una ritirata generale tanto che il 27 i francesi erano di nuovo all'inseguimento del nemico.

A nord-ovest la cavalleria di Bernadotte e di Bessières si stava dirigendo sulla lontana Ostrolenka per ostacolare la ritirata russa mentre Ney era intento a disturbare la ritirata dei prussiani su Neidenburg cercando di impedirgli qualsiasi contato con i russi.

Nella parte centrale del fronte la cavalleria di Murat cercava di tallonare le colonne di Buxhowden e sulla destra Lannes cercava con tre divisioni di raggiungere Bennigsen che si stava dirigendo su Rozen dove c'era il suo Q.G. I francesi si stavano movendo su un fronte troppo ampio e Napoleone era convinto che i russi alla fine si sarebbero fermati per ingaggiare battaglia a Makov; l'Imperatore fece pertanto cessare l'inseguimento ordinando per il 28 una riunione di tutte le forze nelle vicinanze di quella città. I reparti di Kamenskoi però continuarono invece a ritirarsi. Le condizioni climatiche erano così avverse da fare escludere una efficace continuazione dell'inseguimento; una serie di gelate e di improvvisi disgeli accompagnate da piogge torrenziali trasformarono le strade in pantani immensi così che i francesi dovettero arrestare la loro marcia.

Le strade impossibili ed il tempo avverso mi hanno convinto ad entrare negli alloggi invernali, scrisse Napoleone il 29 dicembre 1806. Si concludeva così il primo tentativo di Napoleone di distruggere l'esercito russo.

Le difficoltà dei francesi erano aumentate nei giorni successivi al Natale con una grave carenza di viveri e di vestiario invernale. La cosa che più preoccupava Napoleone era quella che i reparti si erano molto allontanati tra loro in modo tale che veniva meno il principio dell'aiuto reciproco con la conseguenza logica di non poter effettuare alcuna manovra decisiva. La cosa che più si opponeva ad una azione bellica efficace era il fango che rendeva le strade impraticabili; la guerra lampo francese era diventata una lenta marcia che aveva costretto tutta la *Grande Armée* a fermarsi con un effetto demoralizzante sui soldati, tanto che l'indisciplina raggiunse in quei giorni proporzioni eccezionali. Napoleone calcolò che il giorno 28 dicembre il 40% dei soldati mancava dai reparti perché impegnati in scorrerie e ruberie di ogni genere; era il momento di fermarsi per riorganizzare l'esercito e rivedere tutti i piani fino a quel momento predisposti. Le truppe francesi lasciarono le operazioni belliche con grandissima felicità con la speranza che questo stato di cose durasse per molti mesi. Lungo le rive della Vistola e a Pultusk furono costruiti una serie di depositi per i soldati e i reparti vennero accantonati in zone scelte con la massima accuratezza. Forti teste di ponte vennero posizionate oltre i fiumi Vistola e Narew a Thorn, Modlin, Praga, Pultusk e Scherosk; Furono stabilite con molta perizia le zone di adunata per consentire all'esercito di radunarsi e raggiungere i luoghi di battaglia in tempi brevi in caso di una emergenza. Il tempo non doveva però essere sprecato, quindi Napoleone ordinò a Victor, sostituito dopo la sua

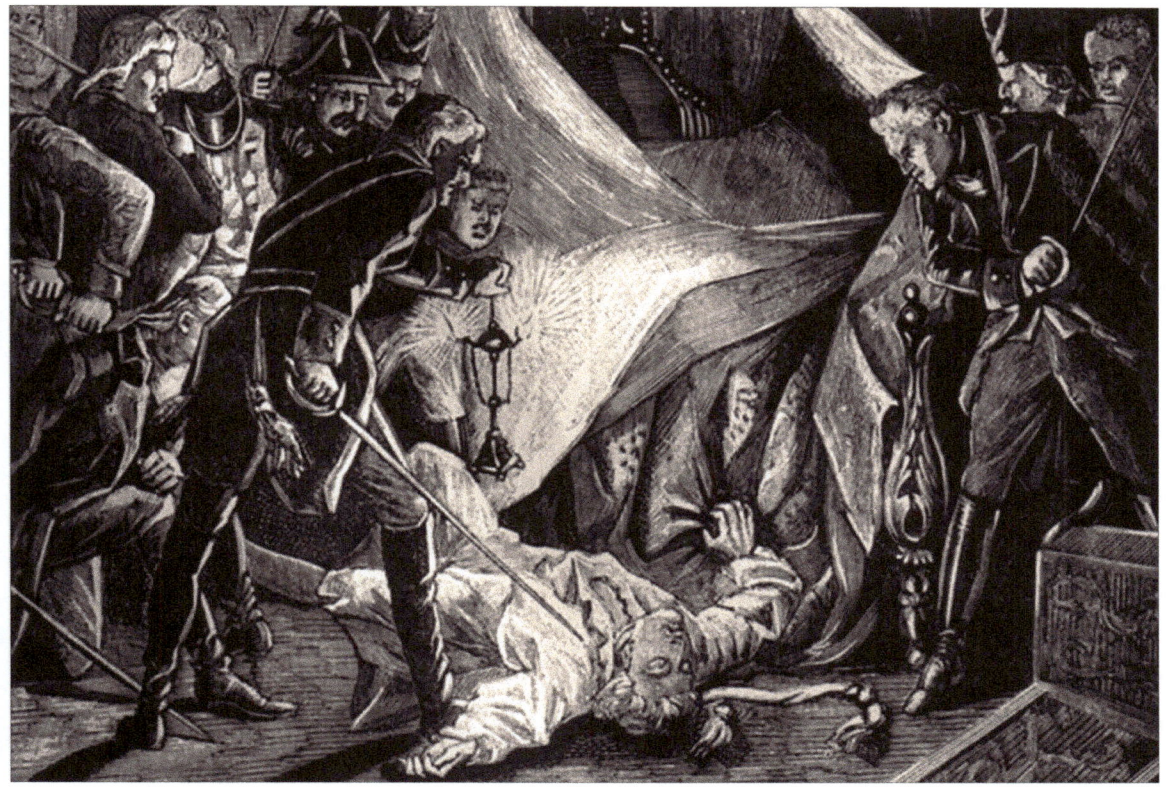

▲ L'assassinio dello zar Paolo I di Russia.

cattura ad opera dei prussiani, da Lefebvre di formare un nuovo Corpo d'armata, il X°, e con questo iniziare l'assedio di Danzica, ed al Maresciallo Bernadotte fu ordinato di coprire queste operazioni. Per il resto fu raccomandato di *evitare qualsiasi movimento di avanzata che potesse destare l'attività del nemico.* La dislocazione scelta per la Grande Armè era quella di rendere possibile far fronte a qualsiasi situazione improvvisa. Napoleone trascorse parte del suo tempo a Varsavia e li conobbe quella che sarebbe diventata l'amante più importante dell'Imperatore: la contessa Maria Colonna Walewska, che avrebbe dato un figlio a Napoleone, Alexandre, futuro ministro degli esteri di Napoleone III.

Verso la fine del gennaio 1807 giunsero a Varsavia gravi notizie; si seppe che Bennigsen aveva sferrato un attacco contro alcuni reparti del V e del I Corpo d'armata. Di fronte a questo improvviso pericolo Bernadotte era riuscito a concentrare a Mohrungen il 25, almeno 9 battaglioni e 11 squadroni sufficienti per respingere l'avanguardia russa in quella stessa giornata con la perdita da entrambe le parti di circa 2000 uomini. Tuttavia di fronte a quella che lui stimava una forza composta da 63.000 russi e 13.000 prussiani, decise di ripiegare verso sud cioè verso una zona prevista per il raggruppamento dei reparti dove sperava di trovare le truppe del Maresciallo Ney.

Napoleone allarmato ordinò a tutto l'esercito di lasciare gli accampamenti invernali per attaccare il 27 gennaio. Napoleone era dell'opinione che il risveglio improvviso dell'attività del nemico fosse da imputarsi a Ney il quale venendo meno agli ordini dell'Imperatore di non eseguire avanzate prima della primavera, aveva spostato le sue truppe nella zona di Neidenburg il 2 gennaio ed aveva eseguito un rastrellamento non autorizzato fin quasi a Heilsberg prima di piegare a sud il 17 del mese.

La manovra sembra fosse stata necessaria per ricercare viveri; ma in quel periodo le relazioni tra i Marescialli stavano letteralmente volgendo al peggio e tutti cercavano di accaparrarsi i rifornimenti destinati ad altri facendoli propri. Per questo motivo Ney si vide costretto a muoversi in cerca di viveri. Napoleone infuriato per aver scoperto che i propri ordini erano stati così apertamente trasgrediti, accusò Ney di aver suscitato un vespaio. Infatti il movimento di Ney aveva in parte contribuito alla decisione presa da Bennigsen di attaccare anche se c'erano sicuramente altre ragioni e Napoleone sbagliava nell'attribuire tutta la colpa a Ney, perché l'Imperatore in realtà aveva sottovalutato la capacità strategica del generale nemico, da lui assolutamente non stimato.

Bennigsen era convinto, lanciando una offensiva inattesa attraverso il nord della Polonia, di prendere l'ala sinistra francese di sorpresa per poi forzare la linea della Vistola dando al suo esercito una buona posizione per una offensiva primaverile che avrebbe avuto come obiettivo quello di respingere i francesi oltre il fiume Oder. Il 14 gennaio le divisioni russe con 75.000 uomini passavano lungo il limite nord della foresta di Johannsburg verso ovest utilizzando la grande distesa di alberi per celare la loro avanzata alla cavalleria di Murat.

I francesi furono colti di sorpresa, ma i russi si trovarono di fronte inaspettatamente il 23, i reparti di Ney prima di poter arrivare alla zona del I corpo d'armata e questo fortuito preavviso di 16 ore dette la possibilità di poter prendere alcune misure di precauzione prima che i russi fossero addosso ai francesi. Napoleone non perse tempo nel dare una valutazione della situazione e nel predisporre una immediata controffensiva. Se i russi si fossero spinti ancora verso ovest Bennigsen avrebbe esposto il suo fianco sinistro e la retroguardia ad un attacco francese; l'Imperatore decise quindi di sfruttare questa possibilità usando Varsavia quale centro di operazioni e Thorn quale perno. Per ottenere questo scopo Napoleone ordinò una avanzata generale su Allenstein ordinando a Davout, Soult e Augereau di muoversi lungo il fiume Alle, mentre la riserva di cavalleria e la Guardia dovevano attraversare Villenburg. Per preservare Varsavia da un possibile attacco delle colonne del generale Essen, il V Corpo d'Armata si sarebbe mosso ancor più verso est in direzione di Brok. In contemporanea nella parte bassa della Vistola il generale Lefebvre doveva abbandonare l'assedio di Danzica e ritirarsi verso Thorn con la copertura dei 10.000 uomini del generale Menard. Per essere sicuro che Bennigsen continuasse a marciare dentro la trappola tesa, Napoleone ordinò a Bernadotte di continuare a ritirarsi per diventare l'esca della trappola mentre Ney si doveva unire le formazioni della sinistra francese con il grosso dell'esercito. Se il piano fosse andato in porto il centro russo sarebbe stato sfondato e i due tronconi delle armate di Bennigsen fatti allontanare su direttrici opposte. Nonostante questo anche i piani migliori a volte falliscono; i questo caso successe che i russi vennero in possesso dei piani completi di Napoleone.

Infatti ingenuamente Berthier consegnò i documenti da portare a Bernadotte ad un ufficiale di prima nomina che stava raggiungendo il suo reparto e con nessuna conoscenza della Polonia. Il giovane ufficiale francese fu catturato da un reparto di cosacchi e non riuscì a distruggere i documenti in suo possesso; questi furono sottoposti all'attenzione del principe Bagration che comandava l'avanguardia russa. Lo stesso giorno erano sul tavolo di Bennigsen che leggendo le carte si rese conto dell'imminente pericolo così che ordinò immediatamente la sospensione dell'avanzata disponendo una rapida concentrazione a Ionkovo per prepararsi ad affrontare Napoleone.

Il I Corpo d'armata non ricevette ordini fino al 3 di febbraio poiché tutti i messaggeri furono catturati dai cosacchi e praticamente questa mancanza di comunicazioni lo portò dopo pochi giorni alla battaglia di Eylau. Napoleone naturalmente all'oscuro che i piani erano in mani russe continuò a spingere i suoi uomini ad avanzare; il primo febbraio la cavalleria di Murat iniziò a compiere ricognizioni verso Allenstein mentre Soult e Davout si dirigevano rispettivamente verso Passenheim e Ortelsburg. Il giorno 2 Murat era vicino ad Allenstein, avvertito da Napoleone che in quel luogo dovevano esserci almeno 15.000 russi; se ce ne fossero stati di più Murat doveva fronteggiarli con l'aiuto di Soult fino a quando in quella stessa giornata Augereau e Davout non fossero arrivati in soccorso seguiti dalla Guardia e da Ney. Il 2 febbraio invece Murat informò l'Imperatore che non c'era traccia di russi nella zona e l'Imperatore molto sorpreso portò avanti la sua linea d'attacco a Guttstadt per bloccare il ponte sul fiume Alle, ordinando nello stesso momento una attenta sorveglianza degli incroci della città di Allenstein che apparentemente non era occupata. Seguendo questo ordine Murat e Soult avanzarono su Guttstadt con Ney alla loro sinistra mentre Augereau e la Guardia si avvicinavano ad Allenstein; la divisione di Friant doveva marciare immediatamente su Wartenburg.

Napoleone era all'oscuro della posizione delle truppe russe e tanto meno conosceva le intenzioni di Benningsen, per cui non voleva assolutamente che le sue truppe potessero venir attaccate sul fianco scoperto.

La guerra invernale tra i tanti problemi che poneva, contemplava anche lo stato delle vie d'acqua polacche perché di notte i fiumi cessavano di essere delle barriere protettive o degli ostacoli in quanto il
freddo molto intenso li congelava e permetteva di passarli a piedi o a cavallo. Napoleone era ansioso di
sapere *se il fiume Alle ed il Passarge fossero gelati al punto da non avere più alcuna importanza.*

Napoleone avendo letto gli ultimi rapporti cominciò a ritenere che il nemico stesse cercando di fuggire
ma che comunque ci sarebbe stato un contatto; come disse a Davout:

"Io credo che una battaglia sia imminente. E' probabile che il nemico impegni un combattimento oggi con i
trenta o quarantamila uomini che ha a disposizione, per ridar animo alle sue forze."

Una supposizione che doveva di li a poco dimostrarsi esatta.

Cavalcando verso Allenstein venne a sapere che le forze russe si erano spostate a circa 11 chilometri
a nord della città con il centro intorno a Ionkovo. La reazione dell'Imperatore fu rapida; il nemico
doveva essere immediatamente attaccato per impedirgli di fuggire. La breve ma durissima battaglia
di Ionkovo del 3 febbraio 1807 era destinata a non avere gli sviluppi da lui immaginati. A parte una
aliquota della Guardia e la cavalleria di riserva Napoleone disponeva solo di 5 divisioni di fanteria,
mentre il VII Corpo d'Armata di Augereau e la Guardia Imperiale stavano avvicinandosi ma non
erano ancora in zona. Murat venne posto al comando supremo delle formazioni di Ney assieme alla
divisione di Legrand per il primo attacco frontale che doveva servire ad agganciare il nemico;(*le combat
d'immobilisation et d'usure*). Soult avrebbe diretto le altre divisioni insieme alla cavalleria di Grouchy
in modo da prendere il nemico sul fianco e tagliargli la via di fuga verso Konigsberg e per fare questo
occorreva mettere in fuga 12 battaglioni russi che presidiavano il ponte a Bergfriede. Una parte della
cavalleria di Soult riuscì a spingersi lungo l'Alle fino a Guttstadt dove prelevò dai depositi russi una
grande quantità di rifornimenti oltre a catturare 1600 nemici. Purtroppo i cannoni francesi non furono
in grado di aprire il fuoco sul nemico prima delle 3 del pomeriggio e nonostante il ritardo l'attacco
frontale raggiunse tutti gli obiettivi fissati. Scese presto l'oscurità e in quel momento erano entrate in
azione solo le prime file francesi; inoltre il duca di Castiglione non era ancora arrivato e questo fatto
sottraeva a Napoleone la sua *masse de decision*. L'oscurità poi compromise la manovra di aggiramento
imbastita da Soult attraverso il ponte di Bergfride.

Il ponte fu conquistato alla baionetta nonostante la strenua difesa del nemico che fu messo in fuga e
furono catturati 4 cannoni. I russi si rischiararono e a loro volta respinsero gli uomini di Soult e solo
al sopraggiungere della notte le operazioni vennero concluse con la riconquista del ponte da parte di
Soult e la formazione di una piccola testa di ponte sulla riva opposta.

Napoleone confidava che il giorno seguente avrebbe ottenuto una vittoria decisiva se il nemico avesse
tenuto le posizioni attuali. Augereau era arrivato seguito dalla Guardia e le divisioni di Davout stavano
avvicinandosi rapidamente e avrebbero potuto congiungersi con quelle di Soult nelle prime ore del
mattino seguente.

Durante la notte tra il 3 e il 4 febbraio Bennigsen riuscì a spostare le sue colonne avviandole verso
Landsberg cosi che all'alba le postazioni nemiche erano deserte e i cavalleggeri di Lasalle andarono in
perlustrazione alla ricerca del nemico. I russi erano riusciti a scappare e ormai 30 chilometri separava-
no i francesi dal nemico. La manovra sul fiume Alle era stata un fallimento, una caccia serrata ai russi
che erano a conoscenza dei piani di Napoleone. All'alba del 4 febbraio Napoleone ammise di aver perso
per un soffio la possibilità di una *bella vittoria*; nonostante questo il giorno 5 il bollettino della *Grande
Armée* riportava:

"Con queste manovre sono state troncate le più importanti linee di comunicazione dell'esercito russo. I depositi
di Guttstadt e Liebstadt sono stati conquistati con la nostra cavalleria leggera."

7 FEBBRAIO: UNA VIGILIA COMBATTUTA

▲ Dragoni russi con cappotto. Tavola di A.V.Viskovatov

Il 5 febbraio 1807 i francesi proseguirono l'inseguimento di Bennigsen con maggior decisione, con Murat e Soult diretti a Landsberg, Davout ad Heilsburg e Ney in direzione di Wormditt con l'ordine perentorio di tenere diviso Bennigsen dai prussiani di Anton Wilhelm von Lestocq (o, secondo la forma originale l'Estocq).

Il giorno successivo, sei febbraio, il granduca di Cleves e Berg e il duca di Dalmazia di scontrarono con la retroguardia russa; Murat entrò in contatto con la retroguardia russa presso il ponte di un affluente del Frisching, nelle vicinanze di Hoff, ed il generale Jean-Joseph d'Hautpoul mandò alla carica i suoi corazzieri contro l'artiglieria russa, occupando la postazione. Mezz'ora dopo, di fronte all'intera divisione, Napoleone abbracciò il mastodontico e corpulento veterano dalla lingua tagliente, il quale, fedele all'etichetta, subito dopo si rivolse alle sue truppe e tuonò:

"L'imperatore è contento di voi, e anch'io sono così contento di voi che vi bacio il culo a tutti!"

A Hoff Murat ebbe 1.400 caduti. Il suo avversario, Michael Barclay de Tolly uno dei migliori generali russi, un nobile di origine scozzese-lituana, perse 2.000 uomini, mentre Bennigsen era riuscito anche in quell'occasione a sganciarsi.

Bennigsen aveva una sola possibilità per proteggere Königsberg, 30 chilometri più a nord (dove non poteva lasciarsi intrappolare), dare battaglia a Prussisch- Eylau (l'odierna Bagrationovsk, così ribattezzata da Stalin in onore di Bagration, georgiano come lui), una cittadina con 1500 abitanti, a 200 chilometri dalla frontiera russa.

I russi , ripresa la ritirata, raggiunsero Eylau a sera e in quel luogo Bennigsen decise di fermarsi per affrontare i francesi. Sarebbe stata una battaglia di due giorni in condizioni climatiche pessime e dalle alterne vicende. Napoleone era contento di sapere che finalmente i russi si erano fermati per dare battaglia anche se sapeva che lo schieramento generale dei corpi d'armata francesi era ben lontano dall'essere pronto per una battaglia immediata.

La strada maestra da Landsberg a Königsberg si allunga per una quindicina di chilometri tra una pianura e una foresta e poi sfocia in una pianura ondulata un paio di chilometri da Eylau, che termina in una leggera altura. Da quel punto Napoleone godeva di un'ottima visuale sull'ampia valle che conduceva al pronunciato crinale dove era schierato l'esercito russo. Aveva sulla sinistra il lago Tenknitten e sulla destra il lago Waschkeiten. Nel chilometro circa che li separa, il terreno si solleva leggermente, soprattutto presso l'incrocio stradale, dopo il quale la strada scende per quasi un chilometro fino a Eylau, con una modesta pendenza. Su una collina a destra di quella che nel 1807 era una cittadina di solide case sorte intorno a un importante crocevia si erge una chiesa con il suo cimitero. Il terreno era tempestato di paludi, laghi ghiacciati e boschi di betulle. Sul punto più elevato c'era il villaggio di Serpallen, dove in alcuni tratti la neve era alta un metro.

I francesi erano sparpagliati e questo rendeva difficile una immediata concentrazione delle forze sul campo di battaglia. I primi a giungere sul campo di Eylau furono gli uomini del IV Corpo di Soult e della cavalleria di riserva di Murat, più o meno intorno alle 2 del 7 febbraio, raggiunti più tardi da Augereau e dalla Guardia così che al cadere della notte Napoleone aveva a sua disposizione 45.000 uomini e altri 14.500 di Ney pochi chilometri più a nord, mentre il III Corpo di eDavout con 15.000 uomini stava arrivando da Bertenstein.

Bennigsen aveva schierato circa 67.000 russi e sperava di avere a disposizione per il giorno dopo anche i 9.000 prussiani di Lestocq; per quanto riguardaval'artiglieria i russi avevano una netta superiorità con circa 460 cannoni contro i 200 francesi.L'esercito di Bennigsen si schierò per la battaglia nella tarda mattinata di sabato 7 febbraio 1807. Alle due del pomeriggio la cavalleria di Murat e la testa della fanteria di Soult raggiunsero i boschi che si stendevano di fronte al villaggio di Grünhofschen. Augereau arrivò subito dopo e si schierò in direzione del lago Tenknitten. Soult mandò in campo il 18° e il 46me *Régiment de ligne* contro l'avanguardia russa, priva di supporto; i francesi attraversarono un'estremità del lago ghiacciato sotto un pesante fuoco d'artiglieria, piegarono a destra e, già alquanto scompigliati, furono attaccati alla baionetta. In quel momento i dragoni del reggimento *San Pietroburgo* attraversato il lago ghiacciato caricarono la retroguardia sinistra, cogliendo di sorpresa entrambi i battaglioni del 18me e sbaragliandoli; fu in tale occasione che il 18me *de Ligne* perse la sua Aquila[18].

La presenza di numerosi stagni e laghetti gelati intorno ad Eylau passò quasi inosservata, essendo coperti dalla neve, tanto che nessuna delle due parti né quel giorno, né il successivo penso a tirare palle infuocate come era avvenuto ad Austerlitz, ciò che avrebbe caustato centinaia di vittime, come avvenuto per lo stagno di Satschan.

La violenza dello scontro è dimostrata dal fatto che il 18me perse nella carica ben 44 ufficiali. la percentuale più alta tra tutti i reparti francesi nei due giorni di battaglia[19].

A metà giornata Napoleone controllava ormai tutto l'altopiano, fino alla valle; aveva però subito perdite pesanti. Non era sua intenzione assaltare Eylau quella sera, e avrebbe preferito aspettare l'arrivo di Ney e Davout, ma varie

▲ Il Generale Pyotr Bagration (1765-1812). Il principe Bagration, appartenente alla casa reale georgiana, fu uno dei migliori generali russi del suo tempo; nel 1946 Stalin ribattezzò in suo onore Preussisch- Eylau Bagrationovsk.

circostanze lo costrinsero a farlo. Secondo Soult una parte della cavalleria di riserva aveva inseguito i russi fino a Eylau, e il suo 24me *Règiment de ligne* si era mosso dietro di loro, per cui era iniziato uno scontro generale per la chiesa e il cimitero, che naturalmente richiedeva sempre più uomini.

Uditi i rumori del combattimento le truppe di Soult che erano posizionate alle porte della città accorsero per salvare i bagagli di Napoleone e trovarono che i russi erano già intenti a saccheggiarli. I russi pensando ad un attacco francese in forze contro Eylau, inviarono rinforzi dando così inizio ad un sanguinoso combattimento per le vie della città. Insomma uno scontro tra avamposti si trasformò in una battaglia. Lo scontro iniziò intorno alle 14 e continuò violento per 8 ore anche dopo che era sopraggiunta l'oscurità; Soult e Murat inviarono un numero sempre maggiore nella battaglia e i combattimenti più duri si ebbero intorno al cimitero della città che passò di mano varie volte prima che i francesi riuscissero ad averne il completo controllo della zona e con essa di Eylau. La chiesa e il cimitero furono presi d'assalto dalla divisione di Saint-Hilaire; nel corso dell'attacco Barclay de Tolly subì una grave ferita dalla mitraglia, che lo lasciò fuori combattimento per 15 mesi. Bagration avrebbe voluto evacuare Eylau, ma Bennigsen ordinò che fosse riconquistata a tutti i costi; perciò, guidò tre colonne a piedi contro la fanteria e l'artiglieria francese, che sparava a mitraglia. Alle sei del pomeriggio i russi avevano ripreso gran parte della città, ma non la chiesa e il cimitero. A quel punto Bennigsen cambiò idea e, alle sei e mezzo, ordinò alle truppe russe di ritirarsi dalla città fino a un leggero promontorio a

18   L'Aquila non venne catturata dai dragoni; è probabile sia caduta nel lago e mai più ritrovata: cfrRoberts, cit., p. 324.

19   Si veda in appendice la tabella delle perdite subite dagli ufficiali francesi a Eylau tratta da A. Martinien, *Tableaux par corps et batailles des Officiers blessés et tués pendant les guerres de l'empire (1805-1815)*, Paris 1899.

est; i francesi rioccuparono immediatamente la città.

Terminata la battaglia i francesi scelsero le posizioni dove trascorrere la notte.

Al calar della notte la divisione di Legrand si spostò poco oltre Eylau; Saint-Hilaire si accampò all'aperto vicino a Rothenen; la cavalleria di Milhaud si trovava a Zehsen; Grouchy era dietro a Eylau; Augereau si teneva in seconda linea tra Storchnest e Tenknitten, e la guardia imperiale trascorse la notte sull'altura da cui Bagration aveva dato avvio alla giornata. Nevicava, ed entrambi gli eserciti si ammassarono intorno ai fuochi dei bivacchi. Le ore notturne misero a durissima prova perché poco prima dell'alba si toccarono i 30 sotto lo zero; alcuni francesi a Eylau avevano trovato un tetto per ripararsi ma per tutti gli altri e in special modo per i russi che dovettero bivaccare all'aperto fu una notte terribile.

I viveri scarseggiavano da entrambe le parti: dato che in caso di marce forzate le salmerie non erano in grado di tenere il ritmo dell'esercito, da tre giorni un certo numero di soldati non riceveva la razione di pane, e alcuni si ridussero a mangiare la carne dei cavalli morti sul campo di battaglia, mentre la maggior parte dovette accontentarsi di qualche patata bollita; ma il commissariato russo era ancor più disorganizzato rispetto all'organizzazione francese che si dimostrò del tutto insufficiente.

ORDINE DI BATTAGLIA FRANCESE A PREUSSISCH- EYLAU, 8 FEBBRAIO 1807

▲ Pierre Augereau, duca di Castiglione, comandante del VII Corpo, che subì pesantissime perdite durante la mattinata, venendo disimpegnato dalla carica di Murat.

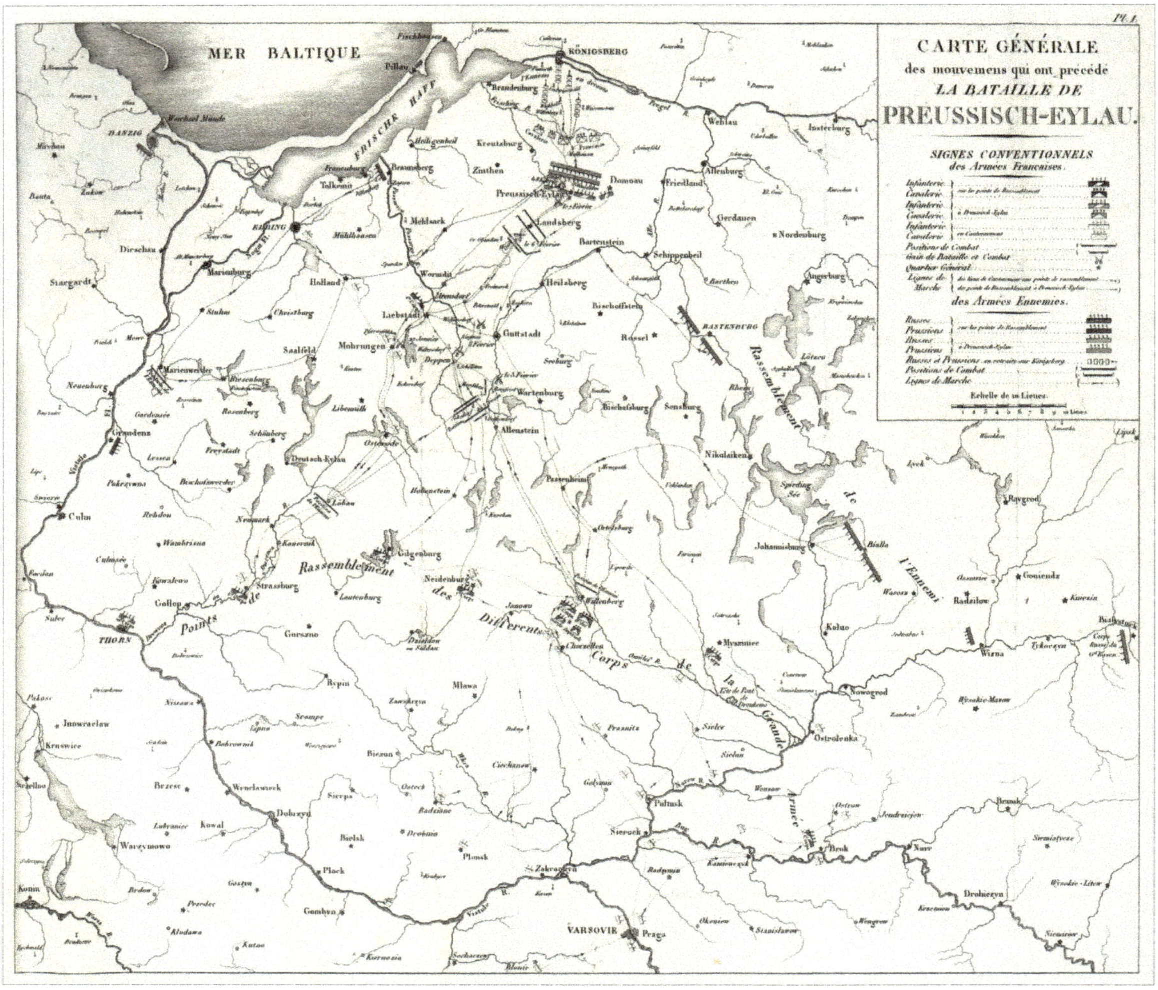

▲ 1. Movimenti precedenti la battaglia di Eylau.

▼ Eylau (Bagrationovsk) vista dagli stagni (all'epoca ghiacciati) dove il 7 febbraio erano schierati i francesi e dove il 18me *Régiment de ligne*, caricato dai Dragoni di san Pietroburgo, perse la propria Aquila.

Comandante in capo: Napoleone I Imperatore dei francesi e Re d'Italia.

Garde Impériale - maresciallo Jean-Baptiste BESSIERES:

Divisione di fanteria della Guardia Imperiale:
 Brigata *Chasseurs à pied* (Soules): 4 battaglioni (1.800 uomini),
 Brigata *Grenadiers à pied* (Dorsenne): 4 battaglioni (1.600 uomini),
 Marins de la Garde (100 uomini).

Divisione di Cavalleria della Guardia Imperiale:
 Chasseurs à cheval, Mamelucks (Dahlmann): 6 squadroni (1.000 uomini),
 Grenadiers à cheval (Walther): 6 squadroni (900 uomini),
 Gendarmes d'Elite (Jacquin): 2 squadroni (200 uomini).

26 pezzi d'artiglieria a cavallo e 16 pezzi d'artiglieria a piedi.

III° Corpo d'Armata - Maresciallo Louis Nicolas DAVOUT, Duca di Auerstädt:

1a Divisione - generale Morand:
Brigate Bonnet d'Hon. e Brouard:
 13° Reggimento leggero (Guyardet): 2 battaglioni (1.100 uomini),
 51° Reggimento leggero (Baille): 2 battaglioni (1.200 uomini),
 61° Reggimento di linea (Nicolas): 2 battaglioni (1.300 uomini),
 17° Reggimento di linea (Lanusse): 2 battaglioni (1.200 uomini),
 30° Reggimento di linea (Valterre): 2 battaglioni (1.200 uomini),
 5 pezzi da 8 libbre, 2 pezzi da 4 libbre, 1 obice, 4 pezzi prussiani da 6 libbre.

2a Divisione - generale Friant:
 Brigate Lochet e Grandeau:
  33° Reggimento leggero (Raymond): 2 battaglioni (1.200 uomini),
  48° Reggimento di linea (Barbanègre): 2 battaglioni (1.400 uomini),
  111° Reggimento di linea (Higonet): 2 battaglioni (1.400 uomini),
  5 pezzi da 8 libbre, 2 pezzi da 4 libbre, 1 obice.

3a Divisione - generale Gudin:
 Brigate Petit e Gautier:
  12° Reggimento leggero (Vergès): 2 battaglioni (1.000 uomini),
  21° Reggimento di linea (Decouz): 2 battaglioni (1.500 uomini),
  25° Reggimento di linea (Barbanègre): 2 battaglioni (1.400 uomini),
  85° Reggimento di linea (Cassagne): 1 battaglione (600 uomini),
  5 pezzi da 8 libbre, 2 pezzi da 4 libbre, 1 obice, 4 pezzi prussiani da 6 libbre.
Brigata di cavalleria leggera - generale Marulaz:
 1° Reggimento cacciatori (Excelmans): 3 squadroni (300 uomini),
 3° Reggimento cacciatori (Guyon): 3 squadroni (300 uomini),

Artiglieria del Corpo d'Armata :
 6 pezzi austriaci da 12 libbre, 3 pezzi da 8 libbre, 3 obici.

IV° Corpo d'Armata - Maresciallo Nicolas Jean de Dieu SOULT:

1a Divisione - generale Saint-Hilaire:
 Brigate Candras e Vare:
  10° Reggimento leggero (Pouzet): 2 battaglioni (1.600 uomini),
  36° Reggimento di linea (Berlier): 2 battaglioni (1.700 uomini),
  43° Reggimento di linea (Lemarois): 2 battaglioni (1.700 uomini),
  55° Reggimento di linea (Silbermann): 2 battaglioni (2.000 uomini),
  2 pezzi austriaci da 12 libbre, 10 pezzi austriaci da 6 libbre, 2 obici.

2a Divisione - generale Leval:
 Brigate Schiner, Fery e Vivies:
  24° Reggimento leggero (Pourailly): 2 battaglioni (1.600 uomini),
   4° Reggimento di linea (Boeldieu): 2 battaglioni (1.800 uomini),
  28° Reggimento di linea (Edighoffen): 2 battaglioni (1.600 uomini),
  46° Reggimento di linea (Latrille): 2 battaglioni (1.000 uomini),
  57° Reggimento di linea (Rey): 2 battaglioni (1.000 uomini),
  2 pezzi austriaci da 12 libbre, 10 pezzi austriaci da 6 libbre, 2 obici.

3a Divisione - generale Legrand:
 Brigate Ledru e Levasseur:
  26° Reggimento leggero (Pouget): 2 battaglioni (2.000 uomini),
  Tirailleurs Corses (d' Ornano): 1 battaglione (500 uomini),
  Tirailleurs del Po (Hulot): 1 battaglione (500 uomini),
  18° Reggimento di linea (Ravier): 2 battaglioni (2.000 uomini),
  75° Reggimento di linea (L'Huillier): 2 battaglioni (2.000 uomini),
  4 pezzi austriaci da 12 libbre, 8 pezzi austriaci da 6 libbre, 2 obici.

Brigata di cavalleria leggera - generale Guyot:
  8° Reggimento ussari (Laborde): 3 squadroni (300 uomini),
  16° Reggimento cacciatori (Bonvalet): 3 squadroni (400 uomini),
  22° Reggimento cacciatori (Bordesoulle): 3 squadroni (300 uomini),
  3 pezzi da 8 libbre, 1 obice.

Artiglieria del Corpo d'Armata :
 elementi del 5° Reggimento d'artiglieria a piedi,
 6a compagnia pontonieri,
 9a compagnia zappatori,
 battaglioni 1° /bis e 3° del treno.

VI° Corpo d'Armata - Maresciallo Michel NEY, Duca di Elchingen :

1a Divisione - generale Marchand:
 Brigate Liger-Belair e Roguet:
  6° Reggimento leggero (Laplane): 2 battaglioni (1.300 uomini),
  39° Reggimento di linea (Maucune): 2 battaglioni (1.200 uomini),
  69° Reggimento di linea (Brun): 2 battaglioni (1.200 uomini),
  76° Reggimento di linea (Lajonquière): 2 battaglioni (1.300 uomini),
  2 pezzi da 12 libbre, 6 pezzi da 8 libbre, 2 pezzi da 4 libbre, 2 obici.

2a Divisione - generale Gardanne:
 Brigate Marcognet e Delabassee:
  25° Reggimento leggero (Morel): 2 battaglioni (1.300 uomini),
  27° Reggimento di linea (Bardet): 2 battaglioni (1.200 uomini),
  50° Reggimento di linea (Lamartinière): 2 battaglioni (1.300 uomini),

▲ Granatiere a Piedi della Guardia in tenuta invernale con cappotto; un battaglione di granatieri contribuì a respingere l'assalto contro la chiesa di Eylau di un battaglione di moschettieri russi salvando lo stesso Napoleone.

59° Reggimento di linea (Dalton): 2 battaglioni (1.200 uomini),
2 pezzi da 12 libbre, 6 pezzi da 8 libbre, 2 pezzi da 4 libbre, 2 obici.

Brigata di cavalleria leggera - generale Auguste de Colbert:
3° Reggimento ussari (Laferrière): 3 squadroni (300 uomini),
10° Reggimento cacciatori (Subervie): 3 squadroni (400 uomini),

Divisione di cavalleria aggregata dalla Riserva - generale Lasalle:
Brigate La Tour-Maubourg e Watier:
5° Reggimento ussari (Déry): 3 squadroni (300 uomini),
7° Reggimento ussari (E. de Colbert): 3 squadroni (350 uomini),
11° Reggimento cacciatori (Jacquinot): 3 squadroni (450 uomini),
Reggimento cavalleggeri bavaresi (Pappenheim): 3 squadroni (400 uomini).

Brigata di cavalleria (della Divisione Klein) - colonnello Delorme:
20° Reggimento dragoni (Reynaud): 3 squadroni (250 uomini),
26° Reggimento dragoni (Delorme): 3 squadroni (350 uomini),

riserva d'artiglieria.

VII° Corpo d'Armata - Maresciallo Pierre François Charles AUGEREAU, Duca di Castiglione:

1a Divisione - generale Desjardins:
Brigate Albert e Binot:
16° Reggimento leggero (Harispe): 3 battaglioni (1.400 uomini),
14° Reggimento di linea (Henriod): 2 battaglioni (1.400 uomini),
44° Reggimento di linea (Sandeur): 2 battaglioni (1.100 uomini),
105° Reggimento di linea (Habert): 2 battaglioni (1.200 uomini),
2 pezzi da 12 libbre, 6 pezzi da 8 libbre, 2 pezzi da 4 libbre, 2 obici, 4 pezzi prussiani.

2a Divisione - generale Heudelet:
Brigate Amey e Sarrut
7° Reggimento leggero (Boyet): 3 battaglioni (1.700 uomini),
24° Reggimento di linea (Semellé): 3 battaglioni (1.900 uomini),
63° Reggimento di linea (Lacuée): 2 battaglioni (1.400 uomini),
2 pezzi da 12 libbre, 2 pezzi da 8 libbre, 2 pezzi da 4 libbre, 2 obici, 4 pezzi prussiani.

Brigata di cavalleria leggera - generale Durosnel:
20° Reggimento cacciatori (Castex): 3 squadroni (450 uomini),
7° Reggimento cacciatori (Lagrange): 3 squadroni (350 uomini),
4 pezzi da 8 libbre, 2 obici.

Artiglieria del Corpo:
5a compagnia del 3° Reggimento d'artiglieria a piedi,
3a compagnia di pontonieri,
6 pezzi da 8 libbre.

Corpo di Cavalleria di Riserva - Maresciallo Joachim MURAT, Granduca di Cleves e di Berg:
Brigata di cavalleria leggera - generale Bruyères:
1° Reggimento ussari (De Juniac): 3 squadroni (250 uomini),
13° Reggimento cacciatori (Domangeot): 3 squadroni (350 uomini),

2a Divisione di cavalleria pesante - generale d'Hautpoul:
Brigate Saint-Sulpice e Clément:
10° Reggimento corazzieri (L'Héritier): 3 squadroni (350 uomini),

11° Reggimento corazzieri (Brancas): 3 squadroni (350 uomini),

1° Reggimento corazzieri (Guiton): 3 squadroni (350 uomini),

5° Reggimento corazzieri (Quinette): 3 squadroni (350 uomini),

2 pezzi da 8 libbre, 1 obice.

1a Divisione dragoni - generale Klein:

1° Reggimento dragoni (d'Oullenbourg): 3 squadroni (250 uomini),

2° Reggimento dragoni (Privé): 3 squadroni (400 uomini),

4° Reggimento dragoni (Lamotte): 3 squadroni (300 uomini),

14° Reggimento dragoni (Bouvier): 3 squadroni (350 uomini),

2 pezzi da 8 libbre, 1 obice.

2a Divisione dragoni - colonnello Grouchy:

Brigate Bron e Milet:

3° Reggimento dragoni (Grézard): 3 squadroni (500 uomini),

6° Reggimento dragoni (Lebrun): 3 squadroni (500 uomini),

10° Reggimento dragoni (Domanget): 3 squadroni (350 uomini),

11° Reggimento dragoni (Bourbier): 3 squadroni (450 uomini),

2 pezzi da 8 libbre, 1 obice.

3a Divisione dragoni - colonnello Milhaud:

Brigate Boye, Marisy e Maupetit:

5° Reggimento dragoni (Lacour): 3 squadroni (550 uomini),

12° Reggimento dragoni (Géraud): 3 squadroni (300 uomini),

8° Reggimento dragoni (Girardin): 3 squadroni (450 uomini),

16° Reggimento dragoni (Vial): 3 squadroni (700 uomini),

9° Reggimento dragoni (Maupetit): 3 squadroni (400 uomini),

21° Reggimento dragoni (Dumas): 3 squadroni (500 uomini),

2 pezzi da 8 libbre, 1 obice.

ORDINE DI BATTAGLIA RUSSO- PRUSSIANO A PREUSSISCH- EYLAU, 8 FEBBRAIO 1807.

ARMATA RUSSA

Comandante in Capo: Levin Auguste Theophil conte di BENNIGSEN

Capo di Stato Maggiore: conte Steinheil

Comandante d'Artiglieria: Rezvoi

Aiutante di Campo: Principe Bagration

Ala Destra - TOUTCHKOV I°:

Avanguardia dell'Ala Destra: generale Markov:

5° Reggimento *jäger* (Gogel): 2 battaglioni (900 uomini),

7° Reggimento *jäger* (Bestujev): 2 battaglioni (900 uomini),

25° Reggimento *jäger* (Vuitch): 2 battaglioni (900 uomini).

Brigata Zaposki:

Reggimento moschettieri di Pskov: 2 battaglioni (1.200 uomini),

Reggimento granatieri di Ekaterinoslav: 2 battaglioni (1.200 uomini).

▲ *Haut les têtes, la mitraille n'est pas de la merde!* Il colonnello Louis Lepic, comandante dei *Grénadiers à cheval* della Guardia, poco prima di ordinare la carica.

Reggimento ussari d'Elisavetgrad: 10 squadroni (900 uomini),
1 batteria a cavallo (Ermolov, 12 pezzi).

5a Divisione - generale Toutchkov I°:

24° Reggimento *jäger* (Ogarev): 2 battaglioni (1.200 uomini).

Brigata ?:
  Reggimento moschettieri di Sievsk: 2 battaglioni (1.200 uomini).

Brigata Leontiev:
  Reggimento moschettieri di Perm: 2 battaglioni (1.200 uomini),
  Reggimento moschettieri di Mohilev: 2 battaglioni (1.200 uomini).

artiglieria Divisione - principe di Sivers:
  2 batterie da posizione (24 pezzi da 12 libbre),
  2 batterie leggere (24 pezzi da 6 libbre).

 Cavalleria dell'Ala Destra: conte Pahlen:
 cosacchi di Sissoïev I°: 5 squadroni (350 uomini),
 cosacchi di Malachov: 5 squadroni (350 uomini).

 Brigata Korff:
  Reggimento dragoni di Kargopol: 5 squadroni (450 uomini),
  Reggimento dragoni di Curlandia: 5 squadroni (450 uomini).

 Brigata Sacken II:
  Reggimento dragoni di Riga: 5 squadroni (450 uomini),
  Reggimento dragoni di Kargopol: 5 squadroni (450 uomini).

 Brigata Manteuffel:
  Reggimento dragoni di Pietroburgo: 5 squadroni (450 uomini),
  Reggimento dragoni di Livonia: 5 squadroni (450 uomini).
 una batteria a cavallo (maggiore Pirogov, 9 pezzi [ne ha perduti 3 a Pultusk]).

Centro - Barone SACKEN I°:

3° Reggimento *jäger*: 2 battaglioni (900 uomini),
13° Reggimento *jäger*: 2 battaglioni (900 uomini).

8a Divisione - Essen III:

 Brigata Principe Karl von Mecklenburg:
  Reggimento granatieri di Mosca: 2 battaglioni (1.200 uomini).

Brigata Engelhardt:
  Reggimento moschettieri di Schlüsselburg: 2 battaglioni (1.200 uomini),
  Reggimento moschettieri *Vecchia Ungheria*: 2 battaglioni (1.200 uomini).

Brigata?:
  Reggimento moschettieri di Podolia: 2 battaglioni (1.200 uomini),
  Reggimento moschettieri d'Arkhangel: 2 battaglioni (1.200 uomini).
 4 batterie di posizione (48 pezzi da 12 libbre).

3a Divisione - Sacken I°:
 21° Reggimento *jäger* (Lapteiev): 3 battaglioni (1.300 uomini).

Brigata Uschakov:
  Reggimento granatieri di Tauride: 2 battaglioni (1.300 uomini),
  Reggimento moschettieri di Lituania: 2 battaglioni (1.300 uomini).
 Brigata Titov II:

▲ Granatieri della fanteria di Linea russa: tenente (Lejtenánt), sergente (seržant), granatiere (grenadier)

Reggimento moschettieri di Koporsk: 2 battaglioni (1.300 uomini),
Reggimento moschettieri di Mouromsk: 2 battaglioni (1.300 uomini).

Brigata Briseman Von Netting:
Reggimento moschettieri di Tchernigov: 2 battaglioni (1.300 uomini),
Reggimento moschettieri del Dnieper: 2 battaglioni (1.300 uomini).

artiglieria divisionale (Löwenstern [ha perso 23 pezzi a Pultusk]):
4 batterie da posizione (24 pezzi da 12 libbre),
3 batterie leggere (36 pezzi da 6 libbre),
3 compagnie di pionieri ed 1 di pontonieri.

Riserva del Centro - generale DOKHTOROV:

3° Reggimento *jäger*: 3 battaglioni (900 uomini),
13° Reggimento *jäger*: 3 battaglioni (900 uomini).

7a Divisione - Dokhturov:
Reggimento moschettieri di Mosca: 2 battaglioni (1.200 uomini),
Reggimento moschettieri di Vladimir: 2 battaglioni (1.200 uomini),
Reggimento moschettieri di Voronezh: 2 battaglioni (1.200 uomini),
Reggimento moschettieri d'Azov: 2 battaglioni (1.200 uomini).

artiglieria divisionale:
2 batterie da posizione (24 pezzi da 12 libbre),
2 batterie leggere (24 pezzi da 6 libbre),
1 compagnia di pionieri ed 1 di pontonieri.

4a Divisione - Somov:
Reggimento moschettieri della Narva: 3 battaglioni (1.300 uomini).

Brigata Arseniev:
Reggimento moschettieri di Toul: 2 battaglioni (1.300 uomini),
Reggimento moschettieri di Tobolsk: 2 battaglioni (1.300 uomini).

Brigata Scherbatov:
Reggimento moschettieri di Polotz: 2 battaglioni (1.200 uomini),
Reggimento moschettieri di Kostroma: 2 battaglioni (700 uomini).

artiglieria divisionale (Löwenstern [ha perso 26 pezzi a Pultusk]):
2 batterie da posizione (24 pezzi da 12 libbre),
2 batterie leggere (24 pezzi da 6 libbre),
1 compagnia di pionieri ed 1 di pontonieri.

Cavalleria della Riserva del Centro - Czaplitz:

dragoni di Mosca (colonnello Bucholtz): 5 squadroni (450 uomini),
dragoni d'Ingrie: 5 squadroni (450 uomini),
ussari di Pavlograd:10 squadroni (900 uomini),
cosacchi di Kissélev: 5 squadroni (350 uomini),
cosacchi d'Andronov: 5 squadroni (350 uomini).

1 batteria a cavallo (12 pezzi da 6 libbre).
artiglieria prussiana (24 pezzi):
batteria da 12 libbre n° 37 e 39,
batteria da 6 libbre n° 8.

Ala Sinistra - conte OSTERMANN-TOLSTOJ:

atamano dei cosacchi Platov:

cosacchi d'Ilovaïski IX: 5 squadroni (350 uomini),

cosacchi d'Efremov: 5 squadroni (350 uomini),

cosacchi di Papouzin: 5 squadroni (350 uomini),

cosacchi di Grékov XII: 5 squadroni (350 uomini).

2a Divisione - Ostermann-Tolstoï:

1° Reggimento *jäger* (conte Lieven III): 2 battaglioni (600 uomini),

Brigata Mazowski:

Reggimento granatieri di Pavlovsk: 2 battaglioni (1.300 uomini),

Reggimento moschettieri di Rostov: 2 battaglioni (1.300 uomini).

Brigata Soukin II:

Reggimento granatieri di San Pietroburgo: 2 battaglioni (1.300 uomini),

Reggimento moschettieri di Jeletz: 2 battaglioni (1.300 uomini),

artiglieria divisionale (colonello Stavizki):

2 batterie da posizione (24 pezzi da 12 libbre),

2 batterie leggere (24 pezzi da 6 libbre),

1 compagnia di pionieri.

14a Divisione - Kamenski:

23° Reggimento *jäger*: 3 battaglioni (1.200 uomini),

26° Reggimento *jäger* 3 battaglioni (1.200 uomini),

Brigata Alexeiev:

Reggimento moschettieri di Belozersk: 2 battaglioni (1.200 uomini),

Reggimento moschettieri di Riazan: 2 battaglioni (1.200 uomini),

Brigata Gersdorff:

Reggimento moschettieri d'Ouglitz: 2 battaglioni (1.200 uomini),

Reggimento moschettieri di Sofii: 2 battaglioni (1.200 uomini),

Reggimento ussari di Grodno: 10 squadroni (900 uomini),

artiglieria divisionale:

1 batteria da posizione (12 pezzi da 12 libbre),

2 batterie leggere (24 pezzi da 6 libbre),

1 compagnia di pontonieri.

Distaccamento Volante - Baggowouth:

4° Reggimento *jäger*: 3 battaglioni (1.000 uomini),

Reggimento moschettieri di Starooskol: 2 battaglioni (1.000 uomini),

Reggimento ussari *Alexander*: 10 squadroni (900 uomini),

una batteria a cavallo (12 pezzi da 6 libbre).

Ex-Avanguardia dell'ala sinistra:

Reggimento moschettieri di Tenga: 2 battaglioni (1.000 uomini),

13° Reggimento *jäger*,

20° Reggimento *jäger*,

Reggimento ussari d'Izioum (colonnello Dorokhov): 10 squadroni (900 uomini),

1 batteria a cavallo (principe Yachwill, 12 pezzi da 6 libbre).

Cavalleria dell'Ala Destra - principe Aleksandr GALITZIN:

Brigata Kojin:
 Reggimento corazzieri dell'Imperatore: 5 squadroni (450 uomini),
 Reggimento corazzieri della Piccola Russia: 5 squadroni (450 uomini),
 Reggimento corazzieri di San Giorgio: 5 squadroni (450 uomini),

Brigata Chepelev:
 Reggimento dragoni di Pskov: 5 squadroni (450 uomini),
 Reggimento dragoni di Finlandia: 5 squadroni (450 uomini),
 Reggimento dragoni di Mitau: 5 squadroni (450 uomini),

Brigata Kakhovski:
 Reggimento ussari di Soumy (Kreutz): 10 squadroni (900 uomini),
 Reggimento ussari d'Olviopol: 10 squadroni (900 uomini),
 Reggimento cavalleggeri polacchi: 10 squadroni (900 uomini),
 1 batteria a cavallo (12 pezzi da 6 libbre).

DISTACCAMENTO PRUSSIANO

Comandante in Capo: Luogotenente generale Anton Wilhelm von LESTOCQ.

Stato Maggiore:
 Luogotenente generale Von Dierecke
 Luogotenente generale Rembow
 Luogotenente generale Auer

reggimenti di fanteria:
Schöning: 2 battaglioni (1 200 uomini),
Rüchel: 2 battaglioni (1 200 uomini),
Besser: 1 battaglione (600 uomini),
Plötz: 2 battaglioni (400 uomini),
Ruits: 2 battaglioni (400 uomini),
Chlebowski: 2 compagnie (100 uomini).

battaglioni di granatieri:
Braun: 1 battaglione (400 uomini),
Massov: 1 battaglione (400 uomini),
Schlieffen: 1 battaglione (600 uomini),
Fabecki: 1 battaglione (600 uomini).

battaglioni di fucilieri:
Bergen: 1 battaglione (400 uomini),
Wackenitz: 1 battaglione (400 uomini),
Schachtmeyer: 1 battaglione (400 uomini),
Bülow: 1 battaglione (400 uomini),
Stutterheim: 1 battaglione (400 uomini).
cavalleria:

Reggimento corazzieri *Wagenfeld*: 5 squadroni (600 uomini),
Reggimento ussari di *Prittwitz*: 10 squadroni (1.200 uomini),
Reggimento dragoni *Auer*: 10 squadroni (1.200 uomini),
Reggimento dragoni *Rouquette*: 5 squadroni (400 uomini),
Reggimento dragoni *Esebeck*: 5 squadroni (400 uomini),
Reggimento dragoni *Baczko*: 5 squadroni (400 uomini),
Reggimento di *Towarzysze*: 10 squadroni (800 uomini),
battaglione di *Towarzysze*: 5 squadroni (400 uomini).

Artiglieria:

batterie da 12 libbre n° 34 e 35 (14 pezzi [2 pezzi persi a Soldau]),
batteria a cavallo n° 6, 7, 8, 9, 10 e 13 (40 pezzi [1 batteria persa a Liebstadt]).

Truppe Russe Aggregate:

Reggimento moschettieri di Vyborg (Pillar): 2 battaglioni (1.200 uomini),
Reggimento moschettieri di Kalouga: 2 battaglioni (1.200 uomini),
cosacchi di Grékov XVIII: 3 squadroni (200 uomini),
cosacchi di Popov V: 5 squadroni (350 uomini).

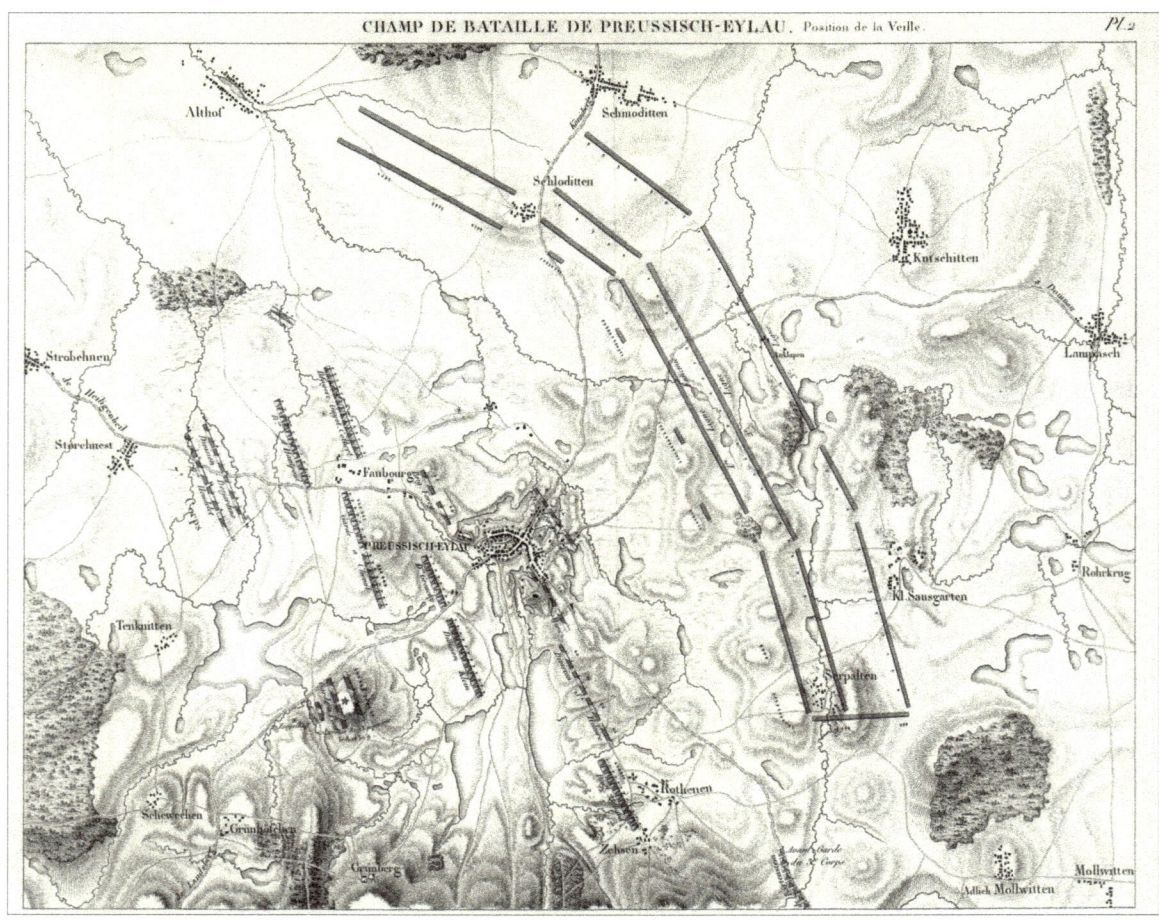

▲ 2. Eylau. Posizioni alla vigilia della battaglia.

▲ Il generale Jean Joseph Ange d'Hautpoul, comandante dei Corazzieri della *Grande Armée*, caduto durante la carica di Murat.

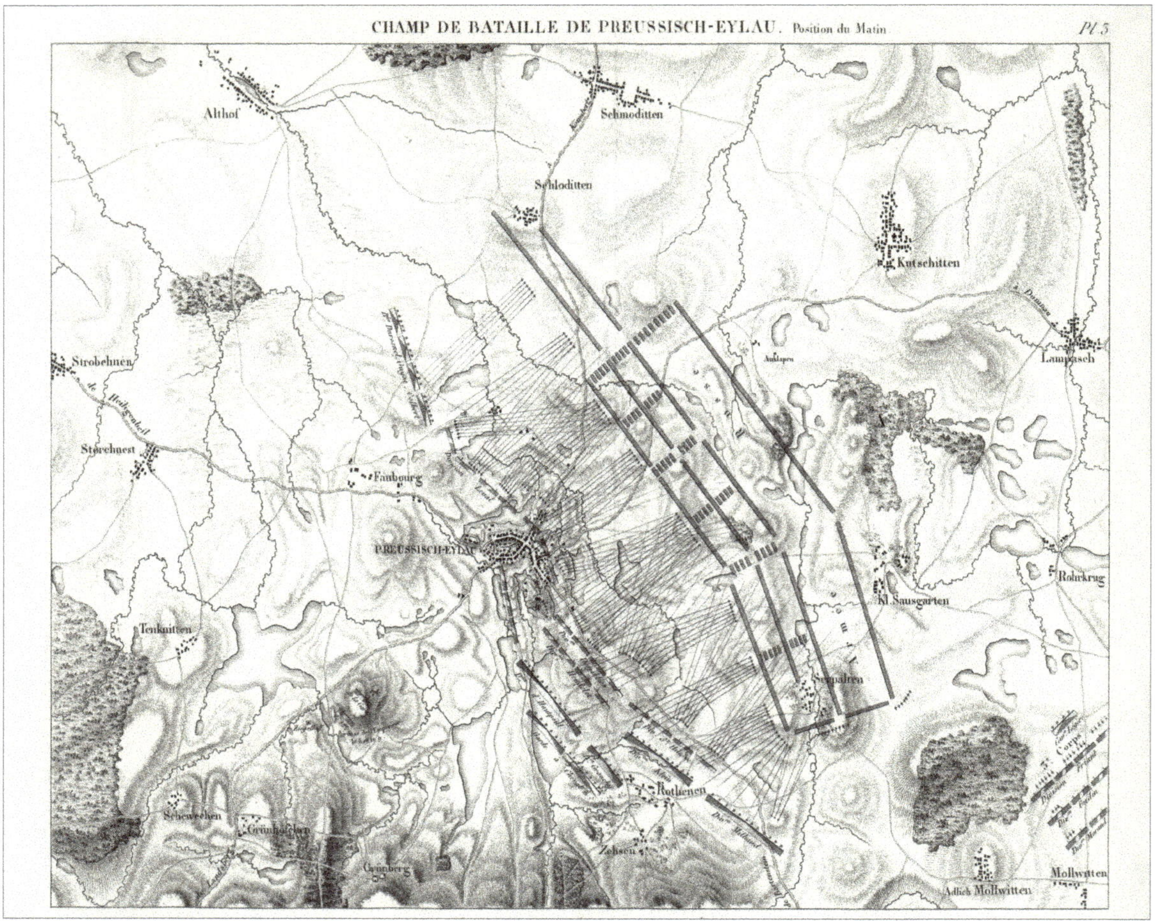

▲ 3. Eylau. Posizioni alla mattina dell'8 febbraio

▼ Eylau (Bagrationovsk) il vecchio tribunale usato da Napoleone come Quartier Generale dal 7 al 17 febbraio 1807.

ORE 8: INIZIA LA BATTAGLIA

L'alba del giorno 8 febbraio - per i russi, che usavano il calendario giuliano, era il 26 gennaio- venne funestata da un susseguirsi di tempeste di neve che ostacolarono la visione del campo di battaglia a Napoleone, che tentava di individuare le postazioni nemiche.

Alla fine l'Imperatore riuscì a scoprire che Benningsen occupava una altura che si trovava a poco più di un chilometro ad est di Eylau.

Il numero dei soldati impiegati dai due comandanti varia a seconda delle fonti (da 63.000 a 90.000 per i francesi e da 60.000 a 90.000 per i russi). Il numero esatto non sarà mai conosciuto ma sembra che dopo l'arrivo di Davout e di Ney Napoleone avesse a sua disposizione di circa 75.000 uomini.mentre per i russi si arrivò a 76.000 dopo l'arrivodei prussiani di Lestocq nel pomeriggio.

Come numero di uomini la differenza era dunque minima, mentre per le artiglierie quella russa era di gran lunga superiore.

Insomma, Napoleone all'alba del giorno 8 era in condizioni di netta inferiorità fino a quando i suoi comandanti non arrivarono per ristabilire l'equilibrio.

Questa situazione influenzò molto la tattica e lo schieramento di battaglia adottati da ll'Imperatore

La divisioni di Soult, che sarebbero state coperte da tutti i cannoni disponibili, avrebbero sferrato l'attacco principale con l'ordine di infliggere il massimo delle perdite alle forze russe e in modo particolare ritardare l'inizio del loro contrattacco almeno fino a quando Davout non fosse entrato in campo dall'altro lato. Il compito di Davout era quello di isolare i russi ad est del fiume Alle e chiudere così la via di ritirata a nord verso Konigsberg attraverso una manovra di aggiramento con la speranza poi di spingere i superstiti di Bennigsen verso il Mar Baltico.

Augereau e Murat dovevano rappresentare *la masse de décision* la lanciare al momento giusto contro la sinistra russa. La Guardia imperiale era lasciata come riserva; inoltre Napoleone sperava nell'arrivo di Ney da nord in tempo per completare l'aggiramento dei russi e chiudere la strada per Konigsberg.

I francesi, per permettere questa doppia manovra, avevano assunto un particolare schieramento dove la Guardia Imperiale era stata posta dietro e a sud di Eylau quindi molto più avanti del solito segno evidente che Napoleone era preoccupato per la manifesta inferiorità numerica. La conseguenza di questa preoccupazione era stata quella di mettere ben in vista al nemico la Guardia con la speranza di generare preoccupazione con una messa in mostra della forza francese che mascherasse la reale situazione. Con la neve che cadeva fitta si poteva vedere benissimo, in contrasto con il paesaggio bianco, le divise scure della fanteria russa. Bennigsen aveva diviso il suo esercito in 4 parti così che alla sua destra di fronte a Soult e Lasalle c'erano le divisioni di Tuckov; al centro i generali Essen e Saken comandavano il grosso delle truppe russe appoggiati da due schieramenti di artiglieria con 60 e 70 cannoni rispettivamente. Alla sinistra c'erano le truppe di Tolstoj.

I francesi presidiavano con formazioni di cavalleria entrambe le estremità del fronte. Alla riserva centrale Bennigsen aveva messo l'esperto generale Doctorov con due divisioni e 60 cannoni; il Quartier Generale venne posto nel villaggio di Anklappen subito dietro questa riserva, mentre il resto dell'artiglieria russa era distribuita sul resto del fronte. Non sappiamo se a sparare il primo colpo quell'8 di febbraio furono i russi o i francesi; sembra però che lo abbiano fatto i russi alle 8 del mattino sparando su Eylau una grande quantità di colpi. Abbiamo in proposito due testimonianze, provenienti dai due schieramenti.

Il tenente Denis Vasilyevich Davydov[20], Aiutante di campo del principe Bagration, ricorda:

"Nella mezza luce del primo mattino l'esercito si levò e preparò i moschetti. I fuochi da campo erano ancora

---

20   Il futuro colonnello Denis Vasilyevich Davydov (1784- 1839) fu un eccellente poeta, assai ammirato da Puskin- oltre che militare, ufficiale degli ussari e dei cosacchi, ed ispirò a Tolstoj il personaggio di Dimitrij Petrovich Denisov di *Guerra e pace,* l'ideatore della guerriglia contro Napoleone. Le sue memorie sono state tradotte in italiano nel 2012 con il titolo *Al servizio dello zar Alessandro contro Napoleone 1806- 1814* dalle ediz. Chillemi di Roma. Fu autore anche di *Studi per una teoria della guerriglia,* 1821.

▲ *Sapeur* del 1º *Régiment des Grénadiers à pied de la Garde* in tenuta di servizio. e zappatore a cavallo del 5º Ussari.

fumanti dove gli uomini avevano dormito, le loro formazioni che si incrociavano sul campo dell'imminente battaglia, ancora coperto di neve intatta. Nessuno di loro aveva ancora sparato un colpo; tutto quello che si notava era un mormorio dovuto all'agitazione tra le linee e le colonne che erano richiamate all'ordine per la battaglia finale (...). Improvvisamente apparve la luce del giorno e con essa i 60 pezzi della batteria del nostro fianco destro aprirono il fuoco con un boato. Una parte dell'artiglieria nemica, che era nascosta dietro i primi edifici della città, uscì allo scoperto ed accettò la sfida[21]."

Sull'altro fronte, ecco la testimonianza di Jean Roch Coignet, ufficiale dei Granatieri della Guardia Imperiale, a conferma del fatto che i primi a sparare siano stati i pezzi di Benningsen:

"L' 8 febbraio i russi ci diedero il buongiorno molto presto, salutandoci con uno spaventoso cannoneggiamento. In un istante balzammo tutti in piedi; l'Imperatore salì a cavallo e ci portò avanti, su un lago gelato. Dall'altra parte del lago e di Eyalu s'intravvedevano delle collinette e, al di sopra, un immenso altopiano sul quale si svolgeva la grande battaglia. Eravamo a destra dell'armata francese, e lo scontro più serio avveniva alla nostra sinistra. L'artiglieria russa, peraltro, non era dinanzi a noi; si trovava in un punto imprecisato dell'altopiano, molto più a sinistra della chiesa. Non approfittammo affatto di questo schieramento, poiché i russi disponevano di un'artiglieria formidabile; si disse persino che avessero portato da Königsberg 22 pezzi da assedio. in ogni caso le batterie facevano fuoco dal nostro lato, e le granate passavano sopra o attraverso di noi, cadendo come grandine sul lago su cui ci trovavamo.

Nei nostri ranghi vi fu una spaventosa devastazione. Pur avendo i piedi affondati nella neve o nel ghiaccio, non ci preoccupavamo minimamente del freddo; anzi, era come se quella temperatura così rigida eccitasse il nostro coraggio. Ma quanto terribile era quella posizione! Restare per due ore immobili, in attesa della morte senza potersi difendere, senza potersi distrarre. Da ogni parte gli uomini cadevano, e file intere scomparivano[22]."

Coignet ricorda la sorte toccata al furiere del 1er *Grènadiers à Pied*, che ebbe la gamba tranciata da una granata, e che, mentre si asportava un po' di carne rimasta attaccata al moncone esclamò: *Ho tre paia di stivali a Courbevoie, mi basteranno per parecchio tempo*[23]!

Una parte delle truppe di Napoleone era protetta dalle case di Eylau e di Rothenen; ma verso le 9 le case di queste località andarono a fuoco a causa dei cannoni russi. Dopo mezz'ora dall'inizio del bombardamento Napoleone ordinò a Soult e Lasalle di effettuare una manovra intimidatoria contro la destra russa con lo scopo di distrarre l'attenzione di Bennigsen dal suo fianco sinistro dove sarebbe avvenuto al momento giusto l'attacco principale francese.

La divisione di Friant stava avvicinandosi al campo di battaglia da sud, ma sarebbe trascorso un po' di tempo prima che tutto fosse pronto per l'attacco decisivo.

Le divisioni di Soult avanzavano con ostinazione per circa 500 metri e questo era troppo per il generale russo Tuckov: verso le 9 la destra russa si lanciò in avanti per affrontare la divisione di Leval. Seguì una durissima lotta, che vide le truppe dello zar avere la meglio, tanto che la maggior parte delle truppe di Soult fu respinta verso Eylau anche se la collina del Mulino restò ai francesi. In quello stesso momento la cavalleria russa attaccava in massa le truppe di Friant che si stavano schierando sull'altra ala. La situazione sui due fianchi iniziò a preoccupare Napoleone che non aveva previsto l'arretramento di Soult e nemmeno che Friant fosse attaccato dalla cavalleria russa.di Tolstoj.

Napoleone avrebbe potuto seguire due tattiche: contrattaccare subito la sinistra russa per alleggerire la pressione su Friant oppure ordinare al IV Corpo di ritirarsi cedendo terreno per guadagnare tempo fino all'arrivo di Ney.

Ci fu una breve pausa sul campo di battaglia, su cui si ricominciò ad abbattersi violento il fuoco delle artiglierie.

21   D. V. Davydov, *Al servizio dello zar Alessandro contro Napoleone 1806- 1814*, Roma 2012, p.40.
22   J. R. Coignet, cit. in J. Garnier, *Le guerre di Napoleone. Arte della guerra e biografia militare*, tr. it. Gorizia 2019, pp. 160-161.
23   A Courbevoie era la caserma dei Granatieri della Guardia. Da notare che all'epoca gli stivali militari non avevano destra o sinistra.

▲ Ufficiale e trombettiere degli ussari in alta uniforme 1807. Tavola di A.V.Viskovatov

ORE 10: L'ATTACCO DEL MARESCIALLO AUGEREAU

Napoleone ordinò al VII Corpo d'armata di Augereau di avanzare subito contro Tolstoj in modo da creare una diversione. Poiché le forze di Davout non erano ancora completamente sul campo di battaglia appariva prematuro ordinare un attacco ad Augereau, ma Napoleone sperava che questa manovra potesse favorire Soult e Friant consentendo all'intero esercito di girare facendo perno su Eylau per attaccare in forze la sinistra di Bennigsen.

Contemporaneamente Napoleone ordinò alla divisione Saint-Hilaire, appartenente al IV Corpo del Maresciallo Soult, ma distaccata alla destra, tra Augereau e Davout, di sbucare su Rothenen sulla propria destra, in modo da manovrare per non lasciare alcun varco tra i due Corpi di Augereau e di Davout; la destra francese avrebbe perciò dovuto effettuare un semicambio di fronte a sinistra, con Preussisch- Eylau come perno[24].

Visto che non poteva discutere gli ordini ricevuti dall'Imperatore, Augereau lanciò all'attacco il VII Corpo, forte di 9000 uomini, mentre si stava addensando sul campo di battaglia una tempesta di neve. Augereau era in quel periodo malato e pur avendo chiesto il permesso a Napoleone di cedere il comando le parole dell'Imperatore lo avevano convinto a restare al suo posto per un giorno ancora, sino al termine della battaglia.

Lo stato di salute di Augereau potrebbe spiegare perché decise l'attacco con la formazione meno opportuna, poiché per via della neve le due divisioni avrebbero dovuto avanzare a colonne serrate in modo da mantenere i collegamenti. In pratica però le brigate di testa avanzarono in ordine sparso seguite dalle brigate disposte a quadrato per cui ben presto la direttrice di marcia fu persa rompendo pure il contatto con gli uomini di Saint-Hilaire sulla destra.

Augereau, carico di reumatismi, con la testa fasciata da un grande fazzoletto bianco, era a malapena cosciente, e si fece assicurare al proprio cavallo per non cadere.

Il duca di Castiglione portò le proprie divisioni a sud del cimitero e le schierò avanzando allo stesso tempo nella pianura, con Desjardinss a destra e Heudelet a destra.

Contemporaneamente l'artiglieria del generale Sénarmont, che si trovava in posizione presso il cimitero sino dal primo mattino, venne spostata quattrocento metri più in avanti, per appoggiare con il proprio fuoco l'attacco delle fanterie.

In quel momento sopraggiunse una tempesta di neve *così fitta che che non si distingueva nulla a due passi di distanza*, scrive il bollettino della battaglia, il cinquantottesimo; peggio ancora la bufera era spinta da un forte vento di nord est, quindi direttamente negli occhi dei francesi; accecate, le divisioni di Augereau, perduti i punti di riferimento, si spostarono verso sinistra .

La conseguenza fu che gli uomini di Augereau si spostarono rispetto all'obbiettivo loro assegnato, cioè le divisioni di Tolstoj, e si diressero verso le posizioni di Saken dove erano posizionati 72 cannoni russi pronti a fare fuoco.

Mentre i francesi marciavano contro il nemico vennero colpiti dapprima per errore dal tiro delle artiglierie francesi e poi di seguito anche dai settantadue cannoni russi.

Cos, nelle sue memorie il barone Jean-Baptiste Antoine Marcellin de Marbot, Aiutante di Campo di Augereau descrive gli avvenimenti:

"Il generale Corbineau, Aiutante di Campo dell'Imperatore, fu ucciso presso di noi da un colpo di cannone, nel momento in cui portava al Maresciallo Augereau l'ordine di avanzare. Il Maresciallo, passando con le sue due divisioni tra Eylau e Rothenen, avanza fieramente contro il centro nemico, e già il 14 di Linea, che costituiva la nostra avanguardia, si era impadronito della posizione che l'Imperatore aveva ordinato di conquistare e di difendere ad ogni costo, quando i numerosi pezzi di grosso calibro che formavano un semicerchio intorno ad Augereau lanciarono una grandinata di palle e di mitraglia tale che non se n'era veduta di simile a memoria d'uomo!

24   Ibid. p.161.

▲ La difesa del *14e Regiment d'Infanterie de Ligne* (da diorama di Marco Giuliani e altri, per gentile concessione dell'A)

In un istante le nostre due divisioni furono investite da questa pioggia di ferro! Il generale Desjardinss venne ucciso, il generale Heudelet gravemente ferito. Tuttavia si tenne fermo, finché il Corpo d'Armata fu pressoché distrutto, e fu necessario di radunarne i resti dietro il cimitero di Eylau, salvo tuttavia il 14 di Linea che, totalmente circondato dal nemico, resisteva sul monticello che occupava. La nostra situazione era ancora più difficile per un vento dei più violenti che ci gettava addosso una neve molto spessa che impediva di vedere a quindici passi, così che le batterie francesi tiravano su di noi contemporaneamente a quelle nemiche. Il maresciallo Augereau fu ferito da un biscaglino."

Un violento bombardamento colpì a bruciapelo le truppe di Augereau causando perdite enormi, cui seguì la carica della cavalleria russa; mentre avveniva questo la divisione di Saint-Hilaire si era portata di fronte alle linee tenute da Tolstoj ma non fu in grado di aprirsi un varco da sola.

Il tenente Davydov ricordò nelle proprie memorie, con parole di ammirato stupore:

Il Corpo di Augereau perse l'orientamento, perdendo così il contatto con la divisione di Saint-Hilaire e tutta la cavalleria, e apparve improvvisamente, con grande loro e nostra sorpresa, di fronte alla nostra batteria centrale proprio quando il tempo si era schiarito. Settanta cannoni vomitarono un fuoco d'inferno e una grandine di granate contro le canne dei loro moschetti e li ridussero ad un ammasso di carne e ossa senza vita.

In un istante i granatieri di Mosca e il reggimento di fanteria di Schlusselburg, insieme al reggimento di fanteria del generale Somov, li caricarono furiosamente con le baionette abbassate. I francesi ondeggiarono, ma, dopo essersi ripresi, opposero le baionette alle baionette e tennero la posizione.

"Allora in quel luogo seguì uno scontro di di cui mai prima si era visto uno simile. Più di 20.000 uomini di entrambi gli eserciti immersero le loro lame con tre facce l'uno nell'altro. Essi caddero in massa. Io fui personalmente testimone di questo massacro omerico. Esso arrivò ad essere descritto, giustamente, come la leggenda del

▲ L'ultimo quadrato del 14me de Ligne. Si noti l'Aquila, e Marbot che tenta (inutilmente) di salvarla. I granatieri russi sono rappresentati erroneamente con le mitrie dei reggimenti della Guardia, che non erano presenti ad Eylau.

nostro secolo e devo dire in verità che nelle annotazioni prese nel corso di sedici campagne di servizio e per tutto il periodo delle campagne napoleoniche, io non ho mai visto qualcosa di comparabile a questo!

Per circa mezz'ora non si udì né una cannonata, né un colpo di moschetto, solo l'indescrivibile ruggito di migliaia di coraggiosi soldati mentre si facevano a pezzi l'uno con l'altro in un combattimento corpo a corpo. Mucchi di cadaveri erano coperti da nuovi mucchi, i soldati erano caduti gli uni sugli altri a centinaia, cosicché quell'angolo del campo di battaglia assomigliava ad un alto parapetto di una barricata eretta in fretta.

Poi alla fine i nostri prevalsero! Il Corpo di Augereau fu sconfitto e inseguito con accanimento dalla nostra fanteria e dalla cavalleria del principe Galitzyn che arrivava al galoppo per sostenere i soldati appiedati[25]!"

In questa azione il VII Corpo su un totale di 6.500 uomini, perse 929 morti, mentre 4.721 vennero feriti. Il generale Desjardinss venne ferito mortalmente.

I sopravvissuti si radunarono dietro Eylau, sulla destra dello schieramento, dietro il cimitero.

Alle 10,30 la situazione dei francesi era critica; Soult era dovuto tornare sulle posizioni di partenza incalzato da Tuckov, al centro il Corpo d'armata di Augereau aveva quasi cessato di esistere ed anche Saint-Hilaire era stato obbligato a fermarsi.

Si vedevano in lontananza lunghe colonne di fanteria e molti squadroni di cavalleria che avanzavano dalla riserva russa in direzione dei superstiti di Augereau mentre un'altra aliquota di cavalleria russa si stava dirigendo su Saint- Hilaire. Le manovre imbastite da Napoleone erano state inutili e l'iniziativa era nelle mani di Bennigsen. Con il passare dei minuti la situazione andava peggiorando; la fanteria di Doctorov attaccò alla baionetta ciò che restava delle unità di Augereau respingendole salvo che al cimitero di Eylau dove lo stesso Augereau tentò di riorganizzarle.

Secondo Marbot, si trattava soltanto di di due o tremila uomini superstiti. Solo, in mezzo alla bufera di neve, resisteva quanto restava del 14e *Régiment*, formatosi in quadrato sulla cima di una collinetta, circondato da orde di russi.

Era chiaro a tutti come la distruzione del 14me fosse solo questione di tempo, e Augereau inviò i propri aiutanti per ordinare di ritirarsi finché ci fosse stata una possibilità di salvezza.

"Era d'uso nell'esercito imperiale, ricorda Marbot, che gli aiutanti di campo si posizionassero in fila, a pochi passi dal proprio generale, e che quello che si trovava in testa partisse per primo, per poi mettersi in coda una volta compiuta la propria missione, affinché. dato che ciascuno portava un ordine quando era il proprio turno, i pericoli fossero egualmente condivisi."

L'officier à marcher!, ordinava Augereau vedendoli morire uno dietro l'altro. Caddero cercando di raggiungere il 14me prima il capitano Froissard, ufficiale del Genio distaccato presso il duca di Castiglione, poi l'Aiutante David, infine fu il turno di de Marbot.

Marbot trovò il 14me schierato in quadrato sulla cima della collina; ma, siccome la pendenza era molto dolce, la cavalleria nemica aveva potuto compiere diverse cariche contro il reggimento francese che le aveva vigorosamente respinte, ed era adesso circondato da un circolo di cadaveri di cavalli e di dragoni russi, che formavano una sorta di muretto, che rendeva la posizione oramai quasi inaccessibile alla cavalleria, tanto che, malgrado l'aiuto dei fanti, Marbot incontrò parecchia difficoltà a passare oltre questo sanguinoso e penoso trinceramento[26].

Dopo la morte del colonnello Charles Joseph Savary, ucciso alla vigilia di Natale durante il passaggio dell'Ukra, secondo quanto afferma Marbot, il 14me era comandato da un *Chef de battaillon*, ovvero un maggiore: in realtà ad Eylau il reggimento era comandato dal colonnello savoiardo Jean- François Henriod, che comandava il 14me dal 30 dicembre 1806: una delle diverse *inesattezze*- per non dire altro- delle memorie di Marbot, come vedremo.

Questi gli trasmise l'ordine di ripiegamento, ma l'ufficiale fece presente che l'artiglieria avversaria che tirava sul 14me da un'ora causando fortissime perdite avrebbe sicuramente sterminato il pugno di soldati superstiti se fossero scesi nella pianura, e che non avrebbe avuto neppure il tempo di preparare

---

25   Denysov, op. cit., pp.41-42 dell'ed. it.
26   *Sanglant et affreux retranchement.*

il movimento, dato che una colonna russa era oramai a cento passi dal reggimento.

"Vedo che non ho modo di salvare il Reggimento. Tornate dall'Imperatore e dategli l'addio del 14 di linea, che ha eseguito fedelmente i suoi ordini, e portategli l'Aquila che ci ha affidato, non possiamo più difenderla: e sarebbe terribile vederla cadere nelle mani del nemico nei nostri ultimi attimi di vita."

Marbot cercò di staccare l'Aquila dall'asta, ma venne assalito da un nugolo di soldati russi pieni di alcool, venendo ferito gravemente.

"Il comandante mi diede allora la sua Aquila, che i soldati, gloriosi resti di questo ibntrepido reggimento, salutarono un'ultima volta con il grido di *Viva l'Imperatore!*...loro che stavano per morire per lui! Era il *Cæsar, morituri te salutant!* di Tacito, ma qui era lanciato da degli eroi!

Le Aquile di fanteria erano molto pesanti, e il loro peso aumentato da una grossa e resistente asta in legno di quercia, alla sommità della quale venivano fissate. La lunghezza di questa asta mi intralciava parecchio, e siccome questo bastone, sprovvisto della sua Aquila, non avrebbe potuto costituire un trofeo per il nemico, decisi, con l'assenso del comandante, di

▲ Denis Vasilyevich Davidov

spezzarlo per non portar via che l'Aquila; ma nel momento in cui mi sporsi in avanti col corpo per avere più forza per separare l'Aquila dall'asta, una delle numerose pallottole che ci tiravano addosso i russi, traversò il corno di dietro del mio cappello a qualche millimetro dalla mia testa!... La botta poi fu più forte poichè il mio cappello era trattenuto da un soggolo in cuoio fissato sotto il mento, ed offriva maggiore resistenza al colpo. Fui come annientato, ma non caddi da cavallo. Il sangue mi colava dal naso, dalle orecchie ed anche dagli occhi; tuttavia io ero ancora cosciente, comprendevo e conservavo tutte le mie facoltà intellettuali, benché le mie membra fossero paralizzate al punto che m'era impossibile di muovere un solo dito!

Intanto, la colonna di fanteria russa che veniva ad attaccarci assaliva la collina: erano dei granatieri, i cui berretti decorati di metallo avevano la forma di mitrie. Questi uomini, pieni d'acquavite [sic per vodka], ed in numero infinitamente superiore si gettarono con furore sui deboli resti dello sfortunato 14me i cui soldati non vivevano, da parecchi giorni, che di patate e di neve fusa: per di più quel giorno non avevano avuto neppure il tempo di preparare quel miserabile pasto!...

Malgrado ciò, i nostri valorosi francesi si difendevano strenuamente con le loro baionette e quando il quadrato fu sfondato, si raggrupparono in plotoni sostennero a lungo questo combattimento sproporzionato."

Un racconto veramente epico, una splendida lettura, ma purtroppo la realtà pare sia stata diversa. Dell'avventura di Marbot non fa alcun cenno il rapporto del colonnello (non maggiore!) Henriod, comandante del 14me. L'asta dell'Aquila del primo battaglione[27], venne frantumata da un colpo di

27   Non era quella reggimentale, come afferma Marbot: nel 1807 ciascun battaglione aveva ancora la propria aquila; successivamente nel 1809 le Aquile dei battaglioni vennero abolite e rimasero solo quelle dei reggimenti, affidate al primo battaglione per la fanteria, o al primo squadrone per la cavalleria: da qui forse l'errore di Marbot (T. Wise, *Flags of the Napoleonic Wars*, I, *Colours, Standard and Guidons of France and her Allies*, Oxford 1990 p.5). Il drappo del I/14me recava scritto L'EMPEREUR DES FRANCAIS AU 14eme REGIMENT D'INFANTERIE DE LIGNE /VALEUR ET DISCIPLINE 1er BATAILLON.

▲ Ufficiale del settimo ussari.

artiglieria caduto di rimbalzo nel mezzo della 5a compagnia, tra il *Prémier Porte-Aigle* Jacques- Marie Lecointe ed il colonnello Henriod; spezzando l'asta e distaccando l'Aquila, che venne raccolta da un fante del 105me *de Ligne* che in seguito la riconsegnò al colonnello[28]. I moschettieri russi del reggimento *Vladimir*- ad Eylau non c'erano granatieri che portavano la mitria, tipica della Guardia: altra inesattezza di Marbot[29]!- si impadronirono dell'asta e del drappo, che venne esposta nella cattedrale dei SS. Pietro e Paolo a San Pietroburgo[30].

Per loro fortuna diversi fanti del 14me riuscirono a ripiegare a loro volta raggiungendo le linee francesi con tutte le Aquile, sia quella reggimentale che quelle dei battaglioni. Come scrisse il colonnello Henriod nel proprio rapporto rapporto:

"Il 14e si ritirò portando con sé le Aquile, passate parecchie volte di mano degli alfieri successivamente uccisi, feriti e rimpiazzati... gli ufficiali, i sottufficiali ed i soldati si sono tutti distinti e tutti avrebbero preferita la morte alla disgrazia di perdere le Aquile che Sua Maestà aveva loro affidate, e che hanno salvate in questa circostanza severa[31]..."

Ancora maggiori furono le perdite del 24me, i cui superstiti furosno solo 400.

Intanto, una colonna russa, composta secondo le fonti francesi da 3 o 4.000 granatieri, *avec ce courage aveugle*, come scrive Thiers, *d'une troupe plus brave qu'intelligènte*[32], penetrò nelle strade di Eylau e si portò pericolosamente vicino all'Imperatore, che usava il campanile della chiesa come osservatorio: ma va detto come quella di 3- 4000 uomini sia una cifra assolutamente improbabile.

Uno dei nostri battaglioni, scrive Davydov, *nella foga dell'inseguimento, aggirò la posizione del nemico, e apparve davanti alla chiesa, a cento passi dallo stesso Napoleone*: un battaglione russo, sulla carta, inquadrava 738 uomini; in battaglia sicuramente doveva aver riportato perdite, e comunque non poteva trattarsi dei 4.000 uomini di cui ancora oggi parlano gli autori di parte francese; difficilmente una colonna tanto grossa sarebbe passata inosservata durante la manovra di avvicinamento. Molto più probabile che si trattasse di un singolo battaglione come scrive Davydov, la cui entità venne poi gonfiata dalla propaganda napoleonica[33], oltretutto formato non di soli granatieri- che avranno formato una compagnia- ma di moschettieri.

I russi comunque giunsero a distanza di tiro dall'Imperatore e dalla Guardia Imperiale; Coignet ricorda come:

"Una palla venne a spezzare l'asta della nostra Aquila tra le gambe del sergente maggiore, e fece un buco nel suo cappotto davanti e dietro; fortunatamente non fu ferito.
Noi gridammo: *Viva l'Imperatore!*. Trovandosi egli stesso in pericolo si decise a fare intervenire il 2° Reggimento Granatieri e gli *chasseurs* comandati dal generale Dorsenne."

---

28 Chandler è totalmente in errore quando scrive: *Shortly thereafter the 14th was overrun, and the worst fears of its acting-colonel were realized as the prized eagle was borne off in triumph by the Russians* (*The Campaigns of Napoleon*, I, London 1968). Il *Prémier Porte-Aigle* Lecointe venne promosso sottotenente, cosa che sarebbe stata impensabile se avesse perduta la propra Aquila!

29 Il reggimento *Vladimir* (divisione Dochturov) ad Eylau schierava solamente i due battaglioni moschettieri.

30 *Le 4ème trophée perdu* [ad Eylau] *parait-être la hampe et le drapeau du 1er bataillon du 14ème de ligne. Un rapport du Major Henriod dit bien que l'Aigle fut ramassée parce que le porte drapeau venait d'être bléssé mais ne parle pas de ce qu'il advint du drapeau. L'Aigle était sauvée et c'était l'essentiel* (J. Regnault, *Les Aigles impériales et le drapeau tricolore 1804-1815*, Paris 1967, p. 94.)

31 *Le 14e battit en retraite en emportant les aigles, tombés plusieurs fois des mains des portes-drapeaux successivement tués, blessés et remplacés..les officiers, sous-officiers et soldats se sont tous distingués et tous auraient préféré la mort au malheur de perdre les aigles que leur avaient confié Sa Majesté et qui ont été sauvés dans cette circonstance sévère...* Come si vede nessun accenno a Marbot ed alle sue mirabolanti avventure.

32 *Con quel coraggio cieco d'una truppa più coraggiosa che intelligente*: A. Thiers, *Histoire du Consulat e del'Empire*, tome VII, Paris 1847, p.387.

33 Come avvenne per i russi annegati negli stagni di Austerlitz alla fine della battaglia: negli stagni di Satschan affondarono 38 cannoni, 130 cavalli e 200 uomini; Napoleone, trovando tale cifra troppo bassa aggiunse due zeri portando la cifra a 20.000 annegati (G. Gerosa, *Napoleone*, Milano 1996, p.361).

▲ La collina dove resistette il 14e *de Ligne* oggi. Vi sono sepolti 34 dei 36 ufficiali francesi caduti

Napoleone venne sottratto ad una probabile cattura, o peggio, grazie alla propria scorta di uno squadrone di *Chasseurs à cheval de la Garde* e ad un battaglione del 2° reggimento Granatieri della Guardia, agli ordini del generale Dorsenne. Il battaglione, rimasto sino ad allora con l'arma al piede e galvanizzato dal poter entrare in combattimento sotto gli occhi del *P'tit Tondou*, senza esitare si lanciò all'assalto, baionetta in canna e tamburo battente, senza aprire il fuoco, contro i russi per proteggere l'Imperatore e permettergli nel caso di mettersi in salvo[34], mentre i Granatieri avanzavano anche lo squadrone di scorta s'era lanciato sui russi, facendosi massacrare per guadagnare tempo; Murat, vista la situazione, inviò in aiuto dei *Bonnets à poil* due squadroni di *Chasseurs à cheval* con il generale Brùyere; i fanti russi, attaccati di fronte dai Granatieri della Guardia e sciabolati alle spalle dalla cavalleria furono tutti uccisi o catturati sotto gli occhi dell'Imperatore.

Uno scontro decisamente impari non per i francesi, come pretende il bollettino della *Grande Armée*, ma per i moschettieri russi!

▲ Artigliere russo in campagna nel 1807. di A.V.Viskovatov

---

34   *Nos grenadiers tombèrent à la baïonette sur la garde* [sic!] *russe sans tireur un sol coup de fusil* (Coignet),

ORE 11 E 30: LA CARICA DI MURAT

La situazione del centro francese e del VII Corpo era dunque assai precaria e Napoleone decise di ricorrere ad un espediente per ristabilire la situazione; visto che era restio ad usare la Guardia gli unici uomini disponibili erano i 10.700 cavalieri di Murat.

Basandosi sulla relazione sulla battaglia ad opera di Murat, F. Loraine Petre li ha così calcolati:

2a divisione corazzieri... .... 1.900

1a   "   dragoni 2.000

2a   "   dragoni 2.200

3a   "   dragoni 8.100

Cavalleria della Guardia .... 1.500[35].

Questa è la cifra costantemente riportata nei resoconti dell'epoca e nei lavori degli storici militari, e tiene conto dei reggimenti a ranghi completi di uomini e di cavalli; se però si considerano le perdite dei giorni precedenti e l'attrito della campagna invernale in una regione priva di strade adeguate e di rifornimenti, è assai probabile che la cifra reale sia stata assai inferiore: si è proposta la cifra di 7.400-7.500 cavalieri[36], ma probabilmente è più realistica quella di 9.000- 10.000 sciabole.

Garnier, che ritiene probabile una cifra ancora minore, 6- 7.000 uomini, scrive:

"Murat lancia la sua cavalleria contro un nemico non ancora in marcia: è la famosa "carica degli 80 squadroni" entrata nella leggenda. Difficile definire la forza esatta impiegata. Il numero di squadroni è quello indicato da Thiers. Marbot parla di persino di 94 squadroni (ma Marbot è guascone!). La cifra riportata in Bastard, di 52 squadroni, sembra la più vicina alla realtà. Ciò equivarrebbe a circa 6.000/ 7.000 uomini. (...)
Una sola certezza: lo spettacolo dovette essere grandioso[37]!"

Alla Cavalleria di riserva venne ordinato verso le 11,30 di schierarsi al posto del centro francese e di attaccare le colonne russe che si vedevano in lontananza.

Sotto la tempesta che infittiva sempre più, Napoleone ordinò al cognato di caricare, dicendogli: *Eh bien, nous lasseras- tu dévorer par ce gens là?*

Sessanta squadroni ben equipaggiati scattarono in avanti attraverso i due chilometri che li dividevano dal nemico.

Fu una delle più grandi cariche di cavalleria che la storia ricordi; la comandava Dahlmann che avanzava alla testa di sei squadroni di Cacciatori a cavallo, seguito da Murat e dalla cavalleria di riserva rinforzata da Bessieres e dalla cavalleria della Guardia.

In queste circostanze Murat dimostrò le proprie qualità di grande comandante di cavalleria: come scrive Loraine Petre,

"Splendidly mounted, in gorgeous uniform, surrounded by a staff only second to himself in brilliancy, his conteinance inflamed with the lust of battle, he was the beau- ideal of the cavalry leader[38]."

Vista la presenza della neve e del suolo ghiacciato, è assai probabile che Murat abbia adottata per la carica la formazione *en muraille*, che prevedeva che oggi reggimento schierasse i propri squadroni in linea, immediatamente l'uno accanto all'altro, senza intervalli, cavalcando in avanti stivale contro stivale; ciò voleva dire un'estensione di 40 metri per squadrone, ovvero dicirca 120- 140 metri di fronte per reggimento.

Adottando tale formazione *en muraille*, con tutta la cavalleria di riserva e quella della Guardia, lascian-

35   Loraine Petre, *Napoleon's Campaign in Poland 1806-1807*, London, 1907, p. 181.
36   "Buried in the Snow: The Myth of Murat's Cavalry Charge at the Battle of Eylau, 8[th]February 1807.", rep. in https://battlefieldanomalies.com/eylau/.
37   Garnier, op. cit., p.163.
38   Loraine Petre, cit., p.181.

▲ J. A. Gros, *Napoleone alla battaglia di Eylau*. L'Imperatore è rappresentato nell'attimo in cui ordina la carica di cavalleria.

do solo il minor spazio possibile tra ciascun reggimento ed il seguente, la colonna d'assalto sarebbe stata profonda da 700 a 1.500 metri a seconda del numero di cavalieri presenti; tale formazione è rappresentata nell'acquarello di Simeon Fort *La bataille d'Eylau* conservato a Versailles.

Murat usò i propri uomini come un gigantesco ariete, destinato a sfondare tutto ciò che si sarebbe trovato di fronte

L'attacco travolse le retroguardie russe che si ritiravano da Eylau; poi i cavalieri si divisero in due tronconi, uno dei quali, i dragoni della 1er *Brigade* di Bron, guidati da Grouchy, che ebbe il proprio cavallo ucciso sotto di sé, aggredì di fianco la cavalleria russa che attaccava Saint-Hilaire.

Grouchy, salito sul cavallo di un aiutante di campo, radunò i dragoni dopo la carica, e, tornato indietro, caricò nuovamente alla testa della sua 2me *Brigade* (Milet), in supporto della 1ere.

L'altro gruppo guidato da Milhaud si aprì la strada a sciabolate attraverso la fanteria russa di Bagavout costringendolo ad abbandonare Serpallen; procedendo oltre i due gruppi si scontrarono con i ranghi serrati di Sacken e li dispersero, si riunirono ancora dietro le schiere russe e ripresero la carica sullo stesso percorso appena seguito per distruggere le artiglierie russe.

I dragoni di Grouchy, dopo aver sconfitta la cavalleria russa sul fianco di Saint-Hilaire, scompaginandola, con alla testa lo stesso Murat, ruotarono sulla propria sinistra contro la cavalleria del centro russo, che stava controcaricando contro di loro.

Sulla propria destra Murat venne raggiunto dai corazzieri della divisione di d'Hautpoul, e questa gigantesca formazione di cavalleria, seguita dagli altri reparti, si gettò ad ondate successive lungo la salita, respingendo la cavalleria russa contro la propria fanteria. I dragoni di Murat vennero costretti a ripiegare da nuovi reparti freschi di cavalleria russa gettati nella mischia, ma i più pesanti corazzieri di d'Hautpoul travolsero tutto ciò che si parava dinnanzi a loro: come la cavalleria di Benningsen si faceva di lato veniva fatta a pezzi da nuove linee di corazzieri che seguivano le prime.

D'Hautpoul, senza preoccuparsi della fucileria e della mitraglia e delle baionette dei quadrati russi si precipitò sulle batterie di artiglieria, sciabolando gli artiglieri o costringendoli a cercare rifugio sotto i pezzi. Nella loro carica contro la prima linea della fanteria russa i corazzieri spazzarono via un intero battaglione che tentava di resistere; e subito dopo sfondarono anche la seconda linea a sciabolate.

La carica esaurì la propria spinta solo quando raggiunse le riserve russe, appoggiate al bosco di Anklappen, dopo aver travolto per due chilometri e duecento ottantasei metri tutto ciò che si era trovata di fronte.

Ricordò Davydov:

▲ Eylau (Bagrationovsk). La chiesa usata come osservatorio da Napoleone, e che venne attaccata da 4.000 granatieri russi, annientati da un battaglione di Granatieri della Guardia e da uno squadrone di *Chasseurs à cheval..* Ne resta solo il portale inglobato in una orrenda fabbrica del periodo comunista.

"Più di 60 squadroni galopparono alla destra del Corpo in fuga e si precipitarono contro di noi, brandendo le loro spade. Il campo di battaglia risuonò delle loro grida e la neve, sollevata dalla forza unita di 12.000 cavalieri turbinò come in una tempesta da sotto di loro. Il brillante Murat, pavoneggiandosi nella sua uniforme carnevalescae accompagnato da un nutrito seguito, guidò l'assalto con la sciabola snudata e s'immerse direttamente nel folto della battaglia. Né il fuoco dei moschetti, né quello dei cannoni e neppure le baionette spianate avrebbero potuto arrestare quella mortale marea. La cavalleria francese si aprì la strada attraverso la linea del fronte del nostro 'esercito e la sua impetuosa carica raggiunse la nostra seconda linea e la nostra riserva. Tuttavia qui essa si infranse contro lo scoglio di una volontà più forte. I nostri uomini mantennero le loro posizioni, non vacillarono e fecero ripiegare la grandiosa onda di marea con un concentrato fuoco delle batterie e della moschetteria[39]."

La carica della Cavalleria di riserva, tra la più grandi- se non la più grande- mai effettuate nella storia della guerra, venne immortalata da Honoré de Balzac nel suo *Le Colonél Chabert*, del 1832, negli anni in cui si cristallizzava il mito napoleonico, in righe che vogliamo riportare per la vividezza del quadro che solo la penna di un grande autore può dare:

"- Saprete forse - disse il defunto - che io comandavo un Reggimento di cavalleria a Eylau. Molto mi si deve per il successo della famosa carica condotta dal Murat, una carica che decise della vittoria. Disgraziatamente per me la mia morte è ormai un fatto storico ricordato in tutti i suoi particolari nel volume "Vittorie e Conquiste". Noi spezzammo in due tronconi le tre linee russe che essendosi ricomposte ci obbligarono a riattraversarle combattendo in direzione opposta. Mentre dopo avere sbaragliato i russi facevamo ritorno verso il luogo dove stava l'Imperatore presi contatto con un forte scaglione di cavalleria nemica. Mi scagliai contro la testa di quel reparto. Due ufficiali russi, veri giganti, mi attaccarono e uno di essi mi diede una sciabolata sulla testa fino a toccare il berrettino di seta nera che io portavo spaccandomi il cranio. Caddi da cavallo. Murat si precipitò in mio soccorso e passò sul mio corpolui e i suoi soldati, millecinquecento uomini, scusate se è poco! La mia morte fu comunicata all'Imperatore che colpito da perplessità... mi voleva un po' di bene, lui!... domandò se non ci fosse più speranza di poter salvare la vita a un uomo cui si doveva pur attribuire il merito di quell'attacco travolgente. Inviò infatti

39   Davydov, cit., p.42.

▲ La vigilia della carica. Murat con il suo aiutante di campo, capitano Manhés, ed un trombettiere del 1er Regiment des Cuirassiers. I cavalli bianchi permettevano immediatamente di riconoscere i trombettieri sul campo di battaglia.

due chirurghi per cercare di me e condurmi all'ambulanza dicendo loro, forse un po' troppo alla buona: "Andate a vedere se per caso il mio buon Chabert ha ancora gli occhi aperti". Si capisce, aveva ben altro a cui pensare! Quei due maledetti, avendomi veduto sotto gli zoccoli di due reggimenti di cavalleria non si degnarono neppure di tastarmi il polso e confermarono la mia morte. L'atto di decesso fu dunque steso in piena regola, secondo le norme in uso tra di noi militari."

Mentre i russi sconcertati cercavano di ricomporre il loro schieramento, Napoleone risollevato ordinò la carica alla cavalleria della Guardia per creare ancor più confusione tra le truppe nemiche e nascondere la manovra di rientro degli squadroni di Murat.

Bessieres caricò con gli *Chasseurs* in prima linea, cui si unirono i dragoni di Grouchy radunatisi dopo la propria carica, piombò sulla fanteria russa mentre questa cercava di riformare i propri ranghi alle spalle dei corazzieri, di nuovo sciabolando i soldati di Benningsen, presto raggiunto dal 5me *Cuirassiers* e dai *Grénadiers à Cheval* della Guardia, che ancora una volta sfondarono le due linee russe prima di perdere slancio.

Ma ancora una volta, con eroica fermezza, i russi tornarono a ricostituire i ranghi, circondando, come vedremo tra poco, i Granatieri a cavallo, esausti e senza fiato per il lungo galoppo e per la fatica del combattimento.

Tutta la Cavalleria della Guardia si distinse, ma più di tutti si distinsero *les Dieux*, i *Grénadiers à Cheval* comandati dal colonnello Lepic[40], considerati il miglior reggimento di cavalleria delle guerre napoleoniche, e forse dell'intera storia militare, l'*élite* della Guardia Imperiale.

Già prima della carica, mentre i quattro squadroni del reggimento prendevano posizione, i russi non mancarono di bersagliarli intensamente con scariche di fucileria e con il tiro dei cannoni caricati a mitraglia, provocando perdite tra uomini e cavalli.

Il nervosismo delle truppe, immobili sui loro giganteschi cavalli neri sotto il fuoco nemico, con i lunghi colbacchi di pelo d'orso che costituivano bersagli ben visibili nel bianco della neve, saliva e gli uomini sembravano intimoriti dall'intensità del fuoco.

Fu allora che il *colonnel-major* Lepic si rivolse ai suoi uomini gridando:

"Haut les têtes, la mitraille n'est pas de la merde!"

Un incitamento opportuno al quale seguì immediatamente l'ordine di carica. Subito dopo la Cavalleria della Guardia caricò; i *Grénadiers à Cheval* rovesciarono i russi e penetrarono in profondità nelle loro linee, tanto da accorgersi prima di essersi persi e subito dopo di essere circondati dai nemici.

Tre linee di fanteria russa si interponevano tra il Reggimento e il resto dell'esercito francese, come affermò un parlamentare russo avvicinatosicon la bandiera bianca al *colonnel-major* Lepic per chiederne la resa.

Lepic indicò al parlamentare i suoi uomini: *Li guardi. Le pare che abbiano l'aria di chi si vuole arrendere?* E rivolgendosi ai suoi uomini:

"Camerati, oggi o si vince o si muore. Abbiamo di fronte a noi due linee di fanteria da attraversare. Molti tra noi ci resteranno certamente, ma se dovesse tornarne anche uno solo a portare la notizia, l'onore del nostro corpo e del nostro stendardo saranno salvi[41]."

La risposta dei Granatieri fu entusiasta: *Viva l'Imperatore! Carichiamo, carichiamo e passeremo!*

Lepic ordinò le sue truppe in colonne serrate di plotone, ovvero in una colonna di circa venti metri di fronte e li guidò alla carica contro la fanteria di Benningsen.

40   Ricordiamo come ufficialmente il colonnello comandante fosse il generale di divisione Frédéric Henri Walther, ottimo ufficiale, veterano delle campagne d'Italia e d'Egitto con Bonaparte, ma si trattava di un titolo onorifico; Lepic era il comandante effettivo. Ad ogni modo Walther partecipò alla carica, ricevendo sei ferite di sciabola ed avendo il proprio cavallo ucciso sotto di sé.

41   Un'altra versione, forse più attendibile, è la seguente: *Camerades, il nous fautes encore passer sur le ventre à deux lignes russes, puis nous irons, nous et notre aigle, retrouver le quartier- general* (col. J. Marnier, *Bataille d'Eylau*, Bourges 1849, p. 9).

▲ Un trombettiere dei *Grénadiers à cheval* carica la fanteria russa. I cavalli bianchi permettevano immediatamente di riconoscere i trombettieri sul campo di battaglia.

▲ La carica di Eylau: la Cavalleria di riserva e quella della Guardia sono schierate in formazione *en muraille* (Jean Antoine Siméon)

Le tre linee russe furono travolte al costo di sei granatieri ed un ufficiale. Altri due granatieri rimasero uccisi dal fuoco francese che quando videro spuntare i *Grénadiers à cheval* dalle linee russe li scambiarono per nemici.

Lepic venne ferito da due colpi di baionetta ed ebbe un ginocchio frantumato da un colpo di calcio di fucile, ma si presentò immediatamente all'Imperatore il quale gli assegnò una rendita annuale di 30.000 franchi di ricompensa[42], dicendogli:

"-Pensavo fosse stato catturato, generale Lepic: ne ero profondamente rattristato.
- Sire, piuttosto avreste sentito della mia morte."

Gli venne concesso anche il dono di 50.000 franchi, che il Lepic distribuì immediatamente ai suoui Granatieri.

A battaglia finita, Napoleone farà dei suoi Granatieri a cavallo il più bell'elogio, dicendo di loro: *Ils sont à l'épreuve de l'or et du fer.*

Ma torniamo alla carica.

A questo punto la cavalleria dovette sciabolare le linee russe che si erano riformate per rientrare nelle linee francesi. Fu a questo punto che la cavalleria leggera russa caricò quella francese, arrivando sino alle batterie francesi, i cui serventi vennero sciabolati da ussari e cosacchi, come ricorda Davydov, che prese parte a questa azione, troppo spesso tralasciata dagli storici che si sono basati esclusivamente sulle fonti francesi:

"La cavalleria francese, inseguita a sua volta dai nostri cavalieri che uscivano direttamente dalle nostre fila (le quali avevano ripreso un iniziale cannoneggiamento, e che ora, dopo essersi riavute, avevano ricominciato il fuoco), fu fatta rifluire persino al di là della linea che aveva occupato all'inizio del giorno. La nostra carica di

42   Si è detto che Lepic venisse promosso generale di brigata: in realtà rivestiva già tale grado, essendo *colonel-major* o *major èn prèmiere* del reggimento. È infatti Napoleone, la sera dell'8 febbraio gli si rivolse con il corretto titolo di *general* Lepic.

▲ La strage della battaglia di Eylau. Tavola di Job

cavalleria ebbe un successo sorprendente e continuò fino all'estremo limite del campo nemico.

Le batterie nemiche lasciate su quella linea vennero conquistate dai nostri diversi squadroni e i serventi ai pezzi, insieme ai carri, vennero fatti a pezzi, dopo che i cavalli da tiro e i loro conducenti erano fuggiti terrorizzati[43]."

Gli esausti corazzieri di d'Hautpoul vennero assaliti dalla cavalleria leggera del principe Galitzin, ussari e cosacchi che si gettarono all'inseguimento, senza che i francesi avessero più la forza fisica per respingerli; alcuni francesi si riaprirono a forza la strada attraverso le linee russe, altri, passando dietro lo schieramento avversario raggiunsero la sinistra francese; molti però incontrarono la morte tra le linee russe, come lo stesso d'Hautpoul. Di un reggimento di corazzieri rimasto isolato dietro le linee solo diciotto sopravvissero, come ricorda sir Robert Wilson:

"Un reggimento di corazzieri francesi raggiunse, durante la tempesta, una falla nelle

▲ Louis Lepic, comandante dei *Grenadiers à cheval de la Garde*.

linee russe tra il centro e la loro destra, ma i cosacchi e alcuni ussari, appena se ne avvidero, si gettarono su di loro. I corazzieri, apparentemente stupefatti dalla grandezza del risultato raggiunto, e impreparati a sfruttare il successo, compirono un notevole *detour* [in francese nel testo, ndA] attraverso le retrovie, piegando verso la destra russa, ma i loro cadaveri segnarono il loro cammino, e solo diciotto ne uscirono vivi."

Quanti furono i morti della carica? E' difficile dirlo, ma se si tiene presente che le sole truppe di Grouchy ebbero 250 caduti, si può ipotizzare che le perdite totali furono, stando a Loraine Petre, circa 1.000- 1.500. Anche Chandler concorda su 1.500 morti.

Erano state impegnate una divisione di corazzieri, tre di dragoni e la Cavalleria della Guardia; a subire le perdite più alte furono i corazzieri.

Perdendo 1.500 uomini Murat aveva ad ogni modo fatto guadagnare a Napoleone una tregua vitale nel centro che avrebbe permesso a Davout di far sentire il peso delle sue forze; inoltre la cavalleria di Murat aveva alleggerito la pressione su Augereau, su Saint-Hilaire e su Soult.

L'attacco della cavalleria nascose infatti a Bennigsen la debolezza del centro francese. Era ormai mezzogiorno e il generale russo aveva perso l'occasione di ottenere una grande vittoria; Napoleone doveva essere grato alla sua cavalleria per quello che aveva fatto e da questo momento per la prima volta nella storia della *Grande Armée*, scrive David G. Chandler, la cavalleria divenne un'arma da battaglia di grande efficacia, anche grazie alle splendide monte catturate ai prussiani dopo la campagna del 1806, decisamente superiori a quelle francesi.

---

43   Davydov, cit., p.43.

▲ Cosacchi del Don; al centro un capitano (sotnik)

ORE 15 E 30: I PRUSSIANI ATTACCANO DAVOUT

Ma anche se in quel momento Napoleone aveva superata la fase più critica della battaglia, la giornata era ancora lunga e difficile; ragione di più per impiegare subito la Guardia per colpire i russi leggermente sbandati. Invece preferì aspettare pensando che l'arrivo dei prussiani di Lestocq fosse imminente.

Il Corpo d'armata di Davout era completamente schierato e all'una di pomeriggio Napoleone lo fece muovere per compiere una grande manovra di aggiramento del fianco di Tolstoj; in altri settori del campo di battaglia fu dato l'ordine a Murat e alle forze di Augereau di occupare il centro mentre le divisioni di Soult dovevano solo mantenere le loro posizioni.

Per il resto della giornata la battaglia infuriò sul fianco sud dove Davout costrinse i russi ad indietreggiare, fino a piegare a U la linea di Bennigsen.

Verso le 3 del pomeriggio sembrava che la linea russa stesse per cedere quando improvvisi giunsero in rinforzo a Benningsen i novemila prussiani del contingente di Lestocq.

Le preoccupazioni di Napoleone a mezzogiorno erano giustificate perché Lestocq era riuscito a sfuggire a Ney, che solo alle 8 aveva ricevuto l'ordine di ricongiungersi con l'esercito.

Ney non sospettava minimamente che fosse in corso una violenta battaglia a sud della propria posizione, mentre Lestocq aveva ricevuto da Bennigsen l'ordine di ricongiungersi con il grosso dell'esercito russo impegnato contro Napoleone marciando su Preussisch- Eylau seminando Ney e dopo una dura marcia sotto la tormente era riuscito a raggiungere Bennigsen, per poi entrare in azione ed attaccare il fianco scoperto di Davout poco dopo le 4 pomeridiane.

A non far accorgere Ney che si stesse svolgendo una battaglia era la direzione del vento, che impediva al suono della battaglia di giungere sino alle sue orecchie. Lestocq, marciando verso Eylau, sulle alture tra Drangsitten e Graventien osservò chiaramente le vampe ed il fumo dell'artiglieria sul campo di battaglia, ma non riuscì ad udire alcun suono[44],

Ney a circa sei chilometri a nord ovest dello scontro similmente non si accorse di nulla; ed entrambe le parti si lamentarono che il vento soffiasse loro in faccia la neve, riducendo la visibilità a pochi metri. Ciò suggerisce che il vento soffiasse sia da nord est, quindi in faccia ai francesi, che da sud ovest, sui russi; Pierre François Percy, medico militare di Napoleone, parla nelle proprie memorie di *vento del nord*, ma un vento da settentrione o da nord ovest non avrebbe potuto spingere la neve in faccia ai francesi, tranne forse al III Corpo di Davout sulla strada di Bartstein. Probabilmente dunque il vento mutò più volte di direzione durante la giornata.

Lestocq aveva rinforzato i suoi 9.000 uomini raccogliendo molti sbandati russi che provenivano dal campo di battaglia e facendoli tornare al fronte.

Arrivati a Schloditten in tre colonne, i prussiani incontrarono reparti russi disorganizzati ed ufficiali che parlavano apertamente di sconfitta che abbandonavano il campo; Lestocq li riorganizzò e li indirizzò nuovamente al fronte insieme a lui.

L'artiglieria prussiana, che precedeva le colonne, entrò per prima in azione dietro Kutschitten; dietro quel villaggio era posizionata la cavalleria leggera di Marulaz.

Lestocq pensò che se fosse riuscito ad impadronirsi di Kutschitten sarebbe riuscito ad accerchiare il nemico. Per l'attacco, il reggimento russo *Wyburg* prese posizione a poca distanza dalla destra del reggimento *Schöning*. Più a sinistra erano i reggimenti *Rüchel* e *Towarzycs*, appoggiati da 200 cosacchi; di riserva c'era il battaglione granatieri *Fabecky*, e ancora più indietro la colonna della cavalleria prussiana incolonnata.

Inneggiando al re Federico Guglielmo III la colonna di centro mosse verso il villaggio, mentre le altre due la fiancheggiavano a destra ed a sinistra.

---

44   Lorraine Petre, cit., p.195.

La colonna di destra si trovò di fronte la fanteria francese, che si ritirò in un grosso bosco di betulle; la colonna di centro, pur investita da una grandine di mitraglia, respinse i difensori di Kutschitten dentro e poi fuori dal villaggio, dove vennero attaccati alle spalle dalla terza colonna prussiana (quella di sinistra), che, dopo aver respinta la cavalleria di Marulaz, aveva ruotato sulla propria destra e raggiungendo le spalle del villaggio: del 51eme *de Ligne* e del 108eme asserragliati nel villaggio riuscì a salvarsi solo un uomo. Loraine Petre scrive che *in questa lotta mortale non venne chiesto né accordato quartiere*.

Per i prussiani era la rivincita di Auerstädt.

Dopo Kutschitten Lestocq attaccò il bosco di betulle dove si erano rifugiate le truppe di Friant, ruotando il proprio schieramento sulla destra.

L'arrivo dei prussiani oltretutto aveva contribuito a rialzare di molto il morale dei russi che rafforzarono le proprie linee dietro Anklappen.

La lotta nel bosco fu durissima; l'attacco frontale respinse i *tirailleurs* e spinse indietro le truppe francesi cinquanta metri nel bosco, mentre sulla sinistra i cosacchi bloccavano la cavalleria leggera di Marulaz che tentava di alleggerire la pressione su Friant; i francesi resistettero strenuamente e per mezzora le sorti dello scontro rimasero indecise, ma alla fine i ripetuti attacchi alla baionetta dei prussiani, dovettero evacuare il bosco.

Nel frattempo anche Bagavout e Kamenskoy, radunatisi dietro Anklappen, appoggiati dall'artiglieria, avevano attaccato ancora il villaggio di Anklappen, respingendo i francesi verso Klein Sausgarten[45].

Il IV Corpo d'armata lentamente fu costretto a cedere il terreno conquistato e ancora una volta sembrò che le sorti della battaglia volgessero a vantaggio dei russi, mentre Napoleone attendeva con impazienza l'arrivo di Ney.

Davout, conscio della delicatezza della situazione posizionò l'artiglieria sulle alture tra Klein Sausgarten ed il bosco di betulle, poi montato a cavallo si mise ad incitare i propri soldati:. *Qui i coraggiosi troveranno una morte gloriosa; solo i codardi visiteranno i deserti della Siberia!*

Il fuoco della sua artiglieria ora si abbatteva sui prussiani di Lestocq, sempre più esausti dopo i combattimenti sostenuti dopo quattordici ore di marcia sotto la bufera di neve, e questi iniziarono a ritirarsi ed a cercare rifugio e protezione nei boschi, mentre le tenebre calavano sul campo di battaglia.

"Improvvisamente udimmo un fuoco di fucileria a Schmoditten, ricorda Davydov.
Rimanemmo stupefatti. Il nostro primo pensiero fu che fosse Ney, che avevamo dimenticato[46]."

Alle sette di sera infatti le truppe del VI Corpo d'Armata di Ney che avevano tallonato i prussiani sin dal mattino, arrivarono sul campo di battaglia e immediatamente entrarono in azione contro Tuckov per prendere il villaggio di Schloditten.

L'arrivo di questi rinforzi dette coraggio ai francesi e verso le 9 di sera la controffensiva russa veniva neutralizzata; ne seguì una tregua su tutto il campo di battaglia.

Va detto che i russi, da parte loro, attribuirono l'insuccesso contro il IV Corpo al calar delle tenebre piuttosto che all'arrivo di Ney: scrive Davydov che al termine dei combattimenti,

"Sia noi che i francesi rimanemmo nelle stesse posizioni che avevamo occupato all'inizio, con minori opportunità sul nostro fianco sinistro, che aveva ceduto un po' di terreno al Corpo di Davout e alla divisione di saint-Hilaire perché la sopraggiunta oscurità aveva reso più difficile il combattimento. Se avessimo avuto un'ora di luce in più. L'Estocq avrebbe inevitabilmente preso possesso dell'artiglieria abbandonata dai francesi e avrebbe costretto Davout e Saint- Hilaire a ritirarsi al di là di Sausgarten[47]."

Molti generali russi non si consideravano infatti ancora vinti, e volevano che Benningsen tenesse le posizioni per ricominciare la battaglia il giorno dopo, ma egli aveva passato troppe ore in sella e la sua resistenza era alla fine. L'arrivo delle truppe di Ney ebbe l'effetto del colpo di grazia sulla volontà del co-

---

45   Così Loraine Petre, cit., p.194; Davout sostenne invece che nessun attacco russo contro Anklappen ebbe successo e che tutti vennero respinti.
46   Davydov, cit., p.50.
47   Ibid., p.49.

mandante russo, tanto da convincere Benningsen ad abbandonare il campo di battaglia senza ascoltare il consiglio dei suoi subordinati e dalla mezzanotte le truppe russe iniziarono a ritirarsi, come vedremo. Alle 10 di sera svennero sparati gli ultimi colpi; il campo di battaglia era illuminato solo dal fuoco dei bivacchi, mentre si udivano ovunque i gemiti dei feriti e degli agonizzanti, la maggior parte dei quali sarebbe morta assiderata nel corso della notte.

Riportiamo ancora una volta la testimonianza di Davydov:

"L'avanzare della notte rese più cupa l'oscurità sul campo saturo di sangue di Eylau.
Ora tutti i villaggi circostanti erano in fiamme e il riflesso degli incendi illuminava le truppe esauste, che ancora avevano in mano le armi e aspettavano ulteriori ordini. Qua e là si potevano vedere fuochi da campo accesi, punti di raduno per migliaia di soldati feriti che si trascinavano. I corpi straziati di uomini e cavalli, i carri frantumati, le casse e gli avantreni ridotti in polvere, gli equipaggiamenti e le armi- sparsi qua e ammucchiati là- davano alla pianura un aspetto di terrore e di desolazione degno del pennello dell'ispirato creatore de *L'ultimo giorno di Pompei*, il pittore Bruyllov[48]."

Se i francesi avevano poche possibilità di ricevere il rancio, i russi non ne avevano nessuna, non avendo viveri, tanto da aver inviato pattuglie nei villaggi per raccogliere quanto fosse possibile trovare nei villaggi ed anche sul corpo dei caduti.

Osterman riuscì a raccogliere solo 2.170 superstiti di tutta la sua divisione. Anche il morale francese era a pezzi, e mentre le tenebre calavano sul campo di battaglia, per la prima volta non si sentirono solo le grida di *Vive l'Empereur*, ma anche, e più numerose, quelle di *Vive la paix! Vive le pain!*
Quattordici ore di combattimento senza sosta non avevano dato alcun risultato nonostante la morte

---

48   Ibid.

CHAMP DE BATAILLE DE PREUSSISCH-EYLAU. Position du Soir   Pl. 4.

▲ 4. Eylau. Posizioni alla sera dell'8 febbraio

▲ Il maresciallo Davout, duca d'Auerstaedt, comandante il III Corpo d'Armata a Eylau (Pierre Gautherot)

dei migliori uomini di entrambi gli schieramenti.

MEZZANOTTE: BENNINGSEN ABBANDONA IL CAMPO DI BATTAGLIA

La fortuna di Napoleone fu che la determinazione del nemico cedette prima di quella francese perché quella notte alle 11 Bennigsen tenne un consiglio di guerra per decidere i piani di azione
Alle undici di sera uno strano consiglio di guerra venne tenuto sull'ala sinistra russa. Benningsen aveva convocato all'aperto i propri generali, e qui, in mezzo ai caduti ed alla neve che continuava a scendere, confidò le proprie decisioni stando a cavallo, circondato dai suoi subordinati.

Non aveva, disse, pane per sfamare le truppe, né munizioni per riempire le loro giberne e i loro cassoni. Non aveva altra via che ripiegare su Königsberg, dove avrebbe trovato munizioni e rifornimenti in quantità.

I generali lo implorarono di non farlo, e di riprendere la lotta il giorno dopo; Knorring e Tolstoj si offrirono per attaccare all'alba, e di completare la vittoria, che ritenevano fosse loro; Lestocq, convocato proprio mentre si preparava ad attaccare nuovamente Davout era dello stesso avviso: attendere il mattino ed attaccare Bonaparte.

Ma Benningsen non cedette: aveva perso almeno 20.000 uomini, ribatté, e confermò l'ordine di ritirata, poi, esausto da 36 ore passate a cavallo, volle riposarsi un poco in una casa di legno usata come posto di medicazione che risuonava dei lamenti dei feriti e degli agonizzanti.

Dapprima i russi, verso mezzanotte, poi verso le due del mattino del 9 febbraio i prussiani, iniziarono a ripiegare ed ad abbandonare il campo che avevano tanto strenuamente difeso.

Questa manovra fu scoperta dalle truppe francesi solo verso le 3 del mattino, ma non fu dato alcun ordine di inseguimento immediato; l'esercito francese era esausto e non era in grado di muoversi. Citiamo ancora Davydov:

"I francesi, come navi da guerra rese inutilizzabili, si muovevavano avanti e indietro minacciosamente, ma erano incapaci di fare il primo passo per combattere o per inseguirci."

L'incertezza sull'esito dello scontro era tale che anche Davout che si trovava agli avamposti più avanzati, stava pensando di arretrare come stava dicendo al suo aiutante di campo Pasquier, quando arrivò di corsa un ufficiale dei picchetti avanzati, per avvisare il Duca di Auestädt di come dal campo nemico si sentissero forti rumori. Scrive Pasquier:

"Poggiando l'orecchio a terra [Davout] riconobbe il suono distinto di cavalleria e di artiglieria in movimento, ed il suono si allontanava... non ebbe più dubbi che il nemico fosse in piena ritirata."

Solo allora i francesi capirono d'aver vinto e di esser rimasti padroni del campo di battaglia.
La notizia venne portata immediatamente all'Imperatore, che nello stesso momento ricevette un analogo messaggio di Soult, ciò che provava come Benningsen stesse abbandonando ovunque il campo ai francesi e non si trattasse di una semplice rettifica delle linee.

"Quando due eserciti si sono inflitti terribili ferite per tutto il giorno, la vittoria sul campo spetta allo schieramento che, armato di perseveranza, rifiuta di abbandonarlo,"

commentò l'Imperatore. Subito dopo aver ricevuta la notizia della ritirata ed aver avuta la certezza della vittoria, Napoleone scrisse a Giuseppina, per informarla dell'esito dello scontro; contrariamente al solito, in questa e nelle lettere successive, l'Imperatore sottolineò le perdite subite, ciò che non faceva mai: evidentemente il carnaio di Eylau l'aveva dolorosamente colpito.

Eylau, tre del mattino 9 febbraio 1807.

Mia amica, ieri vi è stata una grande battaglia; la vittoria è stata mia ma ho perduta molta gente; le perdite del nemico che sono ancora più considerevoli non mi consolano.
Infine, ti scrivo queste due righe io stesso, quantunque sia molto affaticato, per dirti che sto bene, e che ti amo.

▲ La carica dei *Grendadiers à cheval* a Eylau (Schommer)

Tutto tuo."

Il mattino dopo Napoleone emise il cinquantottesimo bollettino della *Grande Armée* in cui riassunse l'andamento della battaglia, in modo obbiettivamente equilibrato, pur presentando Eylau come una vittoria francese indiscussa:

"Preussich-Eylau, 9 febbraio 1807.

Combattimento di Eylau.

Ad un quarto di lega dalla cittadina di Preussich-Eylau, si trova un altopiano che difende lo sbocco alla pianura. Il Maresciallo Soult ordinò al Quarantaseiesimo e Diciottesimo Reggimento di linea di occuparlo. Tre reggimenti che lo difendevano furono travolti, ma nello stesso momento una colonna di cavalleria russa caricò l'estremità della sinistra del Diciottesimo, e scompaginò uno dei suoi battaglioni. I dragoni della Divisione di Klein se ne avvidero in tempo; le truppe entrarono nella città di Eylau.

Il nemico aveva schierati diversi reggimenti in una chiesa e in un cimitero. Fece un'ostinata resistenza e, dopo una lotta mortale da entrambe le parti, la posizione fu occupata alle dieci di sera. La Divisione di Legrand pose i suoi bivacchi di fronte alla città e la Divisione di Saint-Hilaire sulla destra. Il Corpo del Maresciallo Augereau si posizionò a sinistra: il Corpo del Maresciallo Davout aveva marciato il giorno prima per superare Eylau e piombare sul fianco sinistro del nemico, se non avesse cambiato posizione. Il Maresciallo Ney era in marcia per sorpassarlo sul fianco destro. Fu in questa posizione che passò la notte.

Battaglia di Eylau

All'alba, il nemico iniziò l'attacco con un feroce bombardamento sulla città di Eylau e sulla Divisione Saint-Hilaire.

L'Imperatore si diresse alla posizione della chiesa, che il nemico aveva difeso tanto il giorno prima.

Avanzò il Corpo del Maresciallo Augereau e bombardò la collina con quaranta pezzi di artiglieria. Uno spaventoso duello d'artiglieria si impegnò su entrambi i lati.

L'esercito russo, schierato in colonne, era a metà della portata dei cannoni; ogni colpo andava a segno. Sembrò per un momento dai movimenti del nemico, impaziente di soffrire così tanto, che voleva sfondare alla nostra sinistra. Nello stesso momento, i *tirailleurs* del Maresciallo Davout si fecero sentire e raggiunsero le retrovie dell'esercito nemico; il Corpo del Maresciallo Augereau, allo stesso tempo, emerse in colonne, per raggiungere il centro del nemico e, così dividendo la sua attenzione, gli impedì di reggersi completamente contro il

▲ Auklappen (Maloje Osjornoje): il Quartier Generale di Bennigsen.

Corpo del Maresciallo Davout. La Divisione di Saint-Hilaire sboccò sulla destra; entrambe dovettero manovrare per radunarsi con il Maresciallo Davout: il Corpo del Maresciallo Augereau e la Divisione di Saint-Hilaire erano appena emersi, fino a quando una neve spessa, tale che non si vedeva a due passi, coprì i due eserciti.

In questa oscurità l'obbiettivo era perduto e le colonne, premendo troppo a sinistra, ondeggiavano incerte.

Questa desolata oscurità è durata mezz'ora. Quando il maltempo si diradò, il Granduca di Berg, a capo della sua cavalleria, e sostenuto dal Maresciallo Bessieres a capo della Guardia, comandò la Divisione Saint-Hilaire e piombò sull'esercito nemico: manovra audace, se mai ce ne ne fu una, che copriva di gloria la cavalleria e che si era reso necessario nelle circostanze in cui si trovavano le nostre colonne. La cavalleria nemica, che desiderava opporsi a questa manovra, fu travolta; il massacro è stato orribile. Due linee di fanteria russa furono infrante; la terza ha resistito solo appoggiandosi a un bosco.

Gli squadroni della Guardia hanno sfondato due volte [le linee del]l'esercito nemico.

Questa carica brillante e inaudita che aveva travolto più di ventimila fanti e li aveva obbligati ad abbandonare i loro pezzi, avrebbe deciso subito la vittoria, senza il bosco e alcune difficoltà sul terreno. Il generale di Divisione d'Hautpoult fu ferito da un biscaglino.

Il generale Dalhmann, al comando dei Cacciatori della Guardia, e molti dei suoi intrepidi soldati morirono coprendosi di gloria. Ma i cento dragoni, i corazzieri, i soldati della Guardia che furono trovati sul campo di battaglia, vennero trovati circondati da più di mille cadaveri nemici.

Questa parte del campo di battaglia è orribile da vedere. Nel frattempo, il Corpo del Maresciallo Davout sboccava alle spalle del nemico. La neve, che, più volte al giorno, oscurò il tempo, ha anche ritardata la sua marcia e quella delle sue colonne.

Il male del nemico è immenso, quello che abbiamo vissuto è considerevole. Trecento cannoni hanno vomitato la morte su entrambi i lati per dodici ore. La vittoria, incerta per lungo tempo, fu decisa e raggiunta quando il Maresciallo Davout arrivò sull'altopiano e travolse il nemico che, dopo aver fatto sforzi vani per riprenderlo, iniziò una ritirata. Nello stesso momento, il Corpo del Maresciallo Ney sbrucato da Altorff a sinistra, e respinse davanti a sé il resto della colonna prussiana, fuggì dal combattimento di Deppen.

Giunse al villaggio di Schnaditten la sera, e così il nemico si trovò così stretto tra il Corpo dei marescialli Ney e Davout, che, temendo di vedere compromessa la sua retroguardia, si risolse alle otto di sera di riprendere il villaggio di Schnaditten.

Diversi battaglioni di granatieri russi, gli unici che non avevano ancora combattuto, si presentarono davanti a questo villaggio; ma il Sesto Reggimento di fanteria leggera li fece avvicinare a distanza ravvicinata e li mise in rotta completa. Il giorno seguente il nemico fu inseguito sul fiume Frischling. Si ritira oltre il Pregel. Lasciò sedici pezzi di cannone e i suoi feriti sul campo di battaglia. Tutte le case dei villaggi che ha attraversato di notte ne sono piene.

Il Maresciallo Augereau è stato ferito da un proiettile. I generali Desjardinss, Heudelet, Lochet, furono feriti. Il generale Corbineau è stato abbattuto da una palla. Il colonnello Lacué, del Sessantatreesimo, e il colonnello Lemarois, del Quarantatreesimo furono uccisi da proiettili. Il colonnello Bouvieres, dell'Undicesimo Reggimento di Dragoni, non sopravvisse alle sue ferite. Tutti sono morti con gloria.

La nostra perdita ammonta esattamente a millenovecento morti e cinquemilasettecento feriti, di cui un migliaio di feriti gravi, saranno fuori servizio. Tutti i morti furono seppelliti nel giorno del 10.

Settemila russi furono contati sul campo di battaglia.

Quindi la spedizione offensiva del nemico, che aveva lo scopo di attaccare Thorn straripando la sinistra del grande esercito, gli fu fatale.

Da dodici a quindicimila prigionieri, come molti uomini di combattimento, diciotto bandiere, quarantacinque pezzi di cannone, sono trofei pagati troppo cara senza dubbio dal sangue di tanti uomini coraggiosi.

Piccoli fastidi del tempo, che sarebbero apparsi lievi in qualsiasi altra circostanza, hanno contrastato notevolmente le combinazioni del generale francese. La nostra cavalleria e artiglieria hanno fatto meraviglie.

La Guardia a cavallo ha superato se stessa; c'è molto da dire.

La Guardia era stata con le armi al braccio tutto il giorno sotto il fuoco di una spaventosa mitraglia, senza sparare o fare alcun movimento. Le circostanze non erano quelle che doveva dare. Anche l'infortunio del Maresciallo Augereau è stato un incidente sfortunato, lasciando, durante il culmine della mischia, il suo Corpo di armata senza un capo in grado di dirigerlo.

Questo resoconto dà l'idea generale della battaglia. Ci sono stati eventi che onorano il soldato francese: lo stato maggiore si occupa di raccoglierli.

Il consumo di munizioni è stato considerevole; è stato molto minore nelle munizioni di fanteria.

L'Aquila di uno dei battaglioni del Diciottesimo Reggimento[49] non fu trovata; probabilmente è caduta nelle mani del nemico. Non possiamo rimproverare questo Reggimento; è, nella situazione in cui si trovava, un incidente di guerra; tuttavia, l'Imperatore ne restituirà un'altra quando [il Reggimento] avrà preso una bandiera dal nemico. Questa campagna è terminata, il nemico, sconfitto, viene rigettato a cento leghe dalla Vistola. L'esercito riprenderà i suoi accantonamenti e tornerà ai suoi quartieri invernali[50]."

L'Imperatore scrisse poi una seconda lettera a Giuseppina, alle sei del pomeriggio:

Eylau, 9. febbraio a sei ore di sera 1807.

"Ti scrivo una parola, mia amica, affinchè tu non stia inquieta. Il nemico ha perduta la battaglia, 40 pezzi d'artiglieria, 10 bandiere, 12.000 prigionieri; egli ha sofferto orribilmente.

Io ho perduta molta gente, 1600 uccisi, e 3 in 4000 feriti.

Il tuo cugino Tascher sta bene; l'ho chiamato presso di me col titolo di ufficiale d'ordinanza. Corbineau è stato ucciso da una bomba; io mi ero singolarmente affezionato a quest'uffiziale, che aveva molto merito; ciò mi spiace assai. La mia Guardia a cavallo si è coperta di gloria. D'Allemagne è gravemente ferito.

Addio, mia amica.

Tutto tuo. N"

I resoconti ufficiali riportano per la battaglia di Preussisch- Eylau 1.900 caduti e 5.700 feriti francesi contro 7.000 caduti russi. Altre fonti e stime riportano a loro volta 3.000 caduti e 15.000 feriti francesi contro 6.000 caduti e 20.000 feriti russi oppure 18-20-25.000 tra caduti e feriti per parte.

Tra i generali francesi si contarono 6 caduti, tra i quali il generale dei corazzieri d'Hautpoul (Napoleone ordinò di dedicargli una statua fatta con i cannoni russi catturati nella battaglia) e 15 feriti, tra i quali Augereau.

---

49   Come detto, i dragoni del reggimento *San Pietroburgo* non ne rivindicarono la cattura: probabilmente cadde nel lago durante i combattimenti della vigilia.

50   P. Romeo di Colloredo, *Napoleone I. Da Austerlitz a Fiedland. Scritti, discorsi, bollettini 1805-1807*, Bergamo 2019, pp.68 segg,esto originale in francese è pubblicato in appendice

Sparsi su tutta l'estensione del campo di battaglia giacevano morti e feriti, uomini e cavalli, mentre la neve era rossa di sangue. Nei punti dove la battaglia aveva infuriato con maggiore ferocia, i corpi giacevano allineati: così dove il 14me aveva resistito strenuamente, sul pendio di fronte ad Eylau, i francesi formavano ancora un quadrato, circondato dai corpi dei russi che erano morti nel tentativo di travolgerli; e presso la chiesa dove la colonna russa era giunta così vicino a Napoleone ed era stata sterminata, i russi giacevano mischiati ai corpi dei Granatieri della Guardia, degli *Chasseurs* e dei loro cavalli, con la neve che nascondeva le differenze delle divise; e così era anche nel villaggio di Kutschitten, dove giacevano gli ottocento uomini di davout caduti nel difendere il villaggio; e ovunque le carcasse dei cavalli e dei loro cavalieri morti durante la carica di Murat si mischiavano con i cappotti grigi dei russi. Il mattino del 9 febbraio Napoleone ispezionò il campo di battaglia, fermandosi davanti alla collina dove il 14me era stato quasi annientato, osservando colpito i cadaveri ancora allineati dei soldati francesi e russi, degli uomini e cavalli caduti a mucchi l'uno sull'altro, coperti dalla neve divenuta rossa per il sangue. *Ils sont rangés comme des moutons*, eclamò Bessières. *Comme des lions!* ribatté vivacemente l'Imperatore, che si scoprì il capo in segno di saluto restando poi a contemplare la scena[51].

Ney, da parte sua, osservando il campo di battaglia coperto da cumuli di cadaveri congelati di soldati e di cavalli esclamò: *Quel massacre! Et sans resultat.*

A Napoleone che si lamentava del gran danno fatto dai russi al suo esercito, Soult rispose: *Anche noi. Le nostre pallottole non sono fatte di cotone!*

Si dice che il massacro di Eylau ebbe effetti anche in campo uniformologico, perché Napoleone, che aveva ripristinato nel 1806 il tradizionale colore bianco dell'esercito prerivoluzionario per le divise della fanteria di linea- anche per le difficoltà di approvvigionamento dell'indaco usato per tingerle di blu, a causa del Blocco continentale- rimase inorridito dalle divise bianche chiazzate di dangue dei caduti del 14me (uno dei pochi reggimenti ad indossare già la nuova divisa bianca) tanto da disporre il ripristino di quella blu nell'ottobre del 1807[52].

Secondo Davydov,

"Le nostre perdite in questa battaglia ammontarono ad almeno metà del numero dei combattenti, vale a dire almeno 37.000 uomini uccisi o feriti. Secondo i registri militari, il nostro esercito era apparentemente composto da 46.800 soldati (esercito regolare) e 2.600 cosacchi.

Tali perdite non erano mai state raggiunte negli annali dall'invenzione della polvere da sparo. Il lettore può immaginare l'estensione delle perdite dell'esercito francese, poiché esso possedeva una forza di artiglieria più piccola della nostra, e fu respinto in due feroci assalti dal nostro centro e dal nostro fianco sinistro. I nostri trofei comsistettero in nove aquile strappate alle file nemiche e 2.000 prigionieri. Al re di Prussia vennero consegnate, come omaggio, due aquile[53]."

Una precisazione è doverosa: in realtà i russi ad Eylau non catturarono le nove aquile pretese dal Davydov. Le uniche Aquile perse dai francesi il 7 e l'8 febbraio erano state, secondo lo studio sulle bandiere imperiali del generale Jean Regnault, quelle del 18me *de Ligne*- che come ricordato a suo luogo non venne però catturata dai russi e che ancor oggi verosimilmente giace sul fondo di uno degli stagni- del 1er *battaillon* del 44me *de Ligne* e del 51me: in totale tre Aquile, cui va forse aggiunta anche *une Aigle presumée du 10e Régiment d'Infanterie Légère* (Regnault), delle quali solo due cadute sicuramente in mano russa[54]. Né risulta che i prussiani abbiano mai esposte a Potsdam od altrove due Aquile provenienti dal campo di Eylau donate dallo zar. In questo l'Aiutante di Campo di Bagration si dimostra altrettanto

---

51   Job, de Montorgueil, *Napolèon*, Paris 1921, p.21.
52   *Napoleon expressed his disapproval* [alle divise bianche, ndA] *traditionally after seeing horrifically bloodstained uniforms on the fiel of Eylau*: P. J. Haythornthwaite, *Napoleon's Line Infantry*, London 1983, p. 13.
53   Davydov, cit., p.51.
54   Secondo lo studio del generale Jean Regnault nel corso di tutta la campagna del 1807 le Aquile perse furono solo sette: quattro (compresa quella *presumée* del 10me *Légere*) nei due giorni di Eylau, una a Bichersdorf (un reggimento non identificato di dragoni), una a Heilsberg (55me *de Ligne*),una a Friedland (1er *battaillon*, 15me *de Ligne*), e forse un'altra Aquila con il numero di battaglione I (J. Regnault, *Les Aigles*, cit., *Annexe I, Aigles perdues de 1804 à 1815: campagne de 1807*).

fantasioso nelle proprie memorie di quello di Augereau nelle sue!

L'8 gennaio1807, il giorno dopo la battaglia, il capitano Jean Baptiste de Marbot si risvegliò, dopo aver trascorso parecchie ore in privo di coscienza dopo esser stato ferito sulla collina dove s'immolò il 14me *de Ligne*: quando si sveglio si accorse di essere coperto di sangue e di trovarsi su un carro, circondato da cadaveri. Gli avevano sottratta la divisa, ed era completamente nudo nel gelo della mattinata invernale: indossava solo il cappello ed uno stivale perché, dandolo per morto, gli avevano portato via tutti i vestiti e gli oggetti personali.

È lui stesso a raccontarlo nelle proprie memorie.

"Abbandonato nella neve in mezzo a cumuli di morti e moribondi, incapace di muovermi in alcun modo, persi conoscenza pian piano, senza soffrire [...] Credo che il mio deliquio sia durato quattro ore. Quando ripresi i sensi mi ritrovai in una situazione orrenda. Ero completamente nudo, con addosso null'altro che il mio cappello e lo stivale destro. Uno dei barellieri, credendomi morto, mi aveva spogliato e, nel tentativo di portarsi via lo stivale rimasto, mi stava tirando per una gamba tenendomi un piede sul corpo. Senza dubbio era stato il suo strattone a farmi riprendere i sensi. Riuscii a mettermi seduto e a sputare i grumi di sangue che avevo in gola. L'impatto del proiettile da cui ero stato colpito aveva causato un'emorragia tale che avevo il volto, le spalle e il torace completamente neri, mentre il resto del corpo era chiazzato dal rosso del sangue che sgorgava dalla ferita. Cappello e capelli erano incrostati di neve sporca di sangue, avevo gli occhi scavati, dovevo essere orribile a vedersi. Ad ogni modo, il barelliere guardò dall'altra parte e se ne andò con le mie cose, ed io, per lo sfinimento totale, non riuscii nemmeno ad aprire bocca."

Il macabro episodio raccontato nelle memorie di Marbot ci porta ad occuparci di cosa avveniva sul campo dopo una battaglia, soprattutto dopo un carnaio come fu Preussisch- Eylau.

Si pensi che, ancora il Il 2 marzo del 1807, tre settimane e mezzo dopo la difficile vittoria di Napoleone a Eylau, il 64° Bollettino della *Grande Armée* riportava un'immagine da brivido:

"È richiesto un lavoro enorme per sotterrare i morti... Si immaginino nello spazio di una lega quadrata nove/dieci mila cadaveri, quattro o cinque mila cavalli morti, rottami di moschetti e sciabole, il suolo ricoperto di palle di cannone; bossoli di obice e munizioni; ventiquattro pezzi di artiglieria, vicino ai quali giacciono i corpi dei loro equipaggi, caduti nel tentativo di portarseli via durante la ritirata. Tutto questo era ciò che più risaltava su un terreno coperto di neve."

In effetti se fino a quel momento il gelo e la neve avevano coperto le migliaia di corpi dei caduti delle due parti, l'avvicinarsi della primavera e del disgelo rendevano urgente provvedere alla sepoltura. Non che il lavoro di sepoltura, effettuato in fretta e furia da squadre di prigionieri o di civili obbligati a compiere questo compito fosse molto accurato.

Il Granatiere Jean-Roche Coignet, di cui abbiamo ricordato la presenza ad Eylau, così scrisse dopo la battaglia di Marengo, del 14 giugno 1800, combattuta tra francesi e austriaci:

"Davanti a noi il campo di battaglia brulicava di soldati austriaci e francesi che raccoglievano i morti e li accatastavano, trascinandoli con la cinghia del moschetto. Uomini e cavalli giacevano alla rinfusa, nel medesimo cumulo, e venivano dati alle fiamme per preservarci da un'epidemia. Sui cadaveri sparsi invece solo un po' di terra, giusto per coprirli."

Non abbiamo alcun dubbio che ciò valesse anche per il campo di Eylau.

Si calcola che tra il 1805 e il 1815 durante le guerre napoleoniche siano morte tra i 3,5 e i 6 milioni di persone, alcune a causa di azioni belliche (da 500.000 a 2 milioni) e il resto a causa di malattie.

Che cosa ne fu di questi corpi? Chi si incaricò di ripulire quegli scenari raccapriccianti?

Come in una curiosa imitazione dei processi naturali, in cui si alternano animali necrofagi, larve e batteri, notiamo l'azione di diversi soggetti che, uno dopo l'altro, sgombravano il terreno di battaglia.

I primi erano proprio i soldati vincitori che raccoglievano armi e attrezzature del nemico, come scarpe, la primissima cosa ad essere sottratta, indumenti, oggetti personali di valore (orologi, bottigliette di liquori, medaglie, portasigari ecc.) in modo da integrare la loro esigua paga.

In un secondo momento, giungevano le donne e dopo, se lo scontro era avvenuto nelle vicinanze di un villaggio, si univano a loro anche gli abitanti delle località vicine in cerca di qualcosa da portar via; in Polonia e Russia i primi a spogliare i morti erano sempre gli ebrei, stando a tutte le fonti, riconoscibili per il lungo caffettano scuro e le barbe fluenti, pronti a rivendere il proprio bottino ai soldati. Qualora gli sciacalli si fossero imbattuti in un ferito, la sorte di questi era di essere scannato o di avere la testa spaccata a bastonate.

Successivamente arrivavano i saccheggiatori, i quali, poiché non trovavano quasi più nulla da rubare, si accanivano sui corpi: armati di pinze, si affannavano a estrarre i denti dei morti. Non soltanto i denti d'oro (naturalmente più rari e appartenenti solo agli ufficiali per il loro costo elevato),

▲ Bagrationovsk, *Lestocqs- Denkmal*

ma anche i denti normali, molto ricercati per fabbricare le dentiere.

"Nel 1814, in Spagna, il nipote del chirurgo inglese Astley Cooper ricevette la visita di un cacciatore di denti inviato dallo zio.

Dopo aver chiesto a questo Butler, che si presentava in condizione di grande povertà, quale fosse lo scopo della sua visita, egli rispose che si trattava dei denti [...] ma quando lo interrogai sui mezzi che avrebbe impiegato per ottenerli, disse: "Oh, signore, lasci solo che scoppi una bella battaglia e non ci sarà più penuria di denti. Li strapperò al volo, non appena cominceranno a cadere i soldati" [...]

Butler non era il primo [...]. Crouch e Harnett, due esumatori ben noti, lo avevano battuto sul tempo rifornendo le classi agiate di Londra con denti di simile provenienza[55]."

Si sa che, dopo la battaglia di Waterloo (ma la cosa vale anche per le altre grandi battaglie dell'epoca, compresa Eylau) il mercato delle dentiere conobbe un momento assai prospero poiché il numero di vittime procurò materiale in abbondanza e anche di notevole qualità data la giovane età dei soldati che persero la vita in quell'occasione. Questo era un dettaglio che si specificava negli annunci pubblicitari, tanto che le protesi di quell'epoca iniziarono ad essere chiamate *I denti di Waterloo*, sottolineandone appunto la garanzia di ottima qualità per provenire da soggetti giovani, soprattutto i francesi, soggetti alla coscrizione obbligatoria e troppo giovani per avere già i denti guasti.

Normalmente il vincitore destinava una quota del bottino, ricavato dalle spoliazioni dei cadaveri, per pagare la loro sepoltura, spesso in una fossa comune, con poche badilate di terra. Oppure si procedeva all'incinerazione dei cadaveri, per prevenire epidemie.

La scelta dipendeva dall'urgenza, dato che, spesso, la guerra richiedeva di riprendere la marcia senza arrestarsi ulteriormente. In questo caso, era la natura a occuparsi della faccenda: avvoltoi, corvi, lupi, volpi, presenti in gran numero in Polonia e in Prussia Orientale, zone ricche di foreste, ma non solo. Tutti questi carnivori trovavano molto materiale a propria disposizione.

55   Bransby Blake Cooper, *The Life of Sir Astley Cooper*, Vol. 1, London 1843, pp. 401-402.

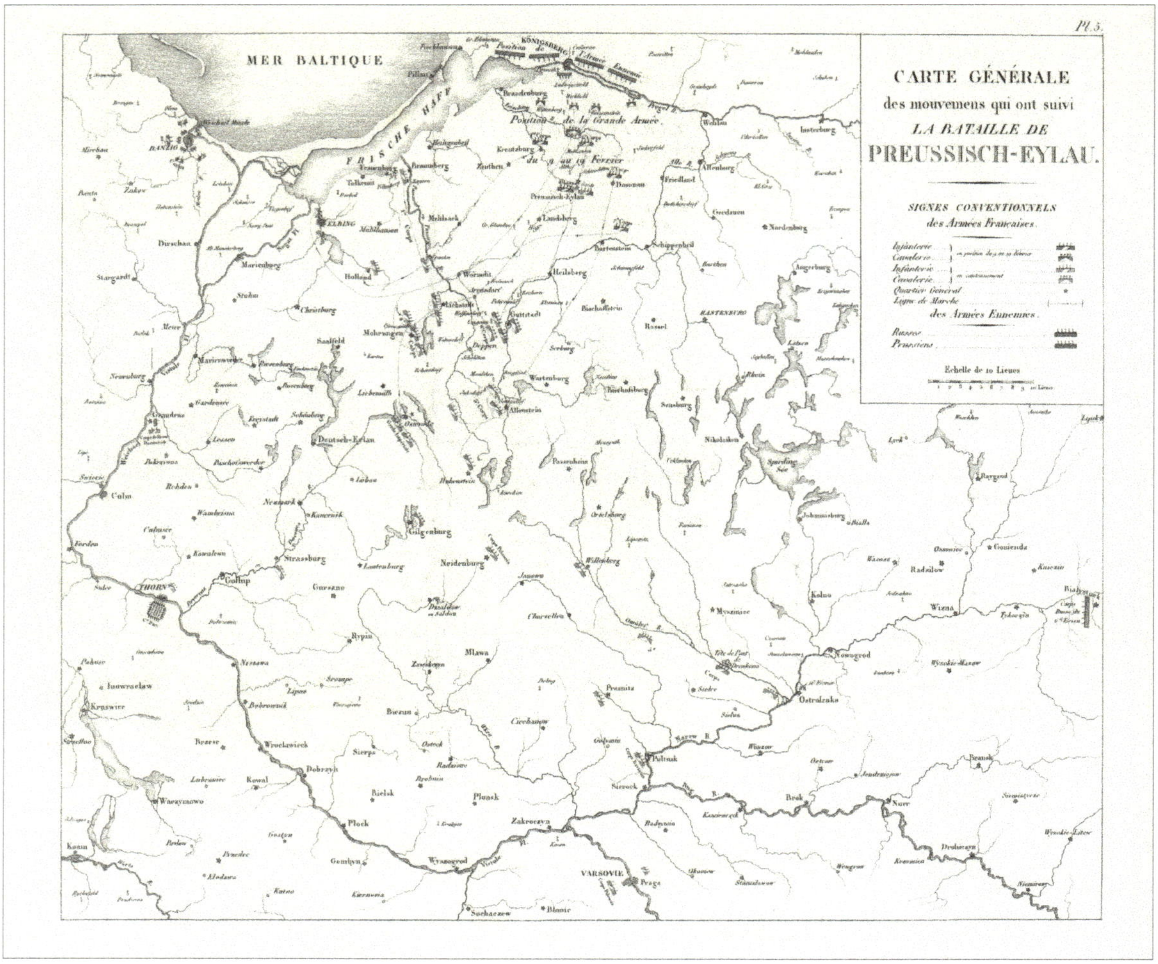

▲ 5. Movimenti successivi alla battaglia di Eylau

▼ La creazione del mito: la battaglia di Eyau in una stampa italiana del 1807.

UN GIORNO FORTUNATO. FRIEDLAND

Seguirono alcuni mesi d'inazione.

Le perdite subite a Eylau ebbero effetti sulla strategia napoleonica, perché nell'Imperatore crebbero le preoccupazioni per la sicurezza della Germania e per lontana Francia. Il pensiero che il suo esercito fosse stato messo in crisi dalla pressione esercitta dai russi e il fatto che c'erano poche forze di riserva per difendere i confini e mantenere viva l'influenza francese turbavano i suoi pensieri; l'Austria e le zone della Prussia appena conquistate dovevano essere tenute costantemente d'occhio. L'impegno dell'Imperatore fu quindi rivolto alla creazione un Corpo di controllo in Germania come salvaguardia e come fonte di prelievo di nuove forze per il fronte. Il problema principale era quello di trovare nuovi soldati per costituire le nuove formazioni; così le guarnigioni furono private di uomini addestrati e al loro posto furono messe truppe alleate, molte truppe furono prese dall'Armata d'Italia e nuove unità composte di italiani furono inserite per raggiungere le aliquote previste. Alla Spagna venne chiesto di fornire 15.000 uomini e la classe 1808 ebbe l'ordine di presentarsi ai centri di reclutamento con 18 mesi di anticipo sul programma.

Napoleone riuscì a mettere insieme un nuovo esercito di circa 100.000 uomini; al fratello Gerolamo fu affidata l'ala destra di queste truppe in Slesia, al Maresciallo Brune fu dato il comando di 60.000 uomini nel centro della Germania e il Maresciallo Mortier fu messo alla sua sinistra in Pomerania.

La scelta di usare per questa missione il Corpo di Lefebvre era motivata dal fatto che si trattava di una formazione come abbiamo visto ibrida più adatta ad una missione di assedio che non a normali operazioni al fronte. Lefebvre era un uomo energico e nonostante che i suoi uomini avessero respinto gli avamposti prussiani l'11 marzo, solo il 24 aprile le batterie pesanti furono posizionate per colpire le difese principali della città; questo non per diminuire il valore di Lefebvre quanto per dire che il suo avversario il generale Kalkreuth aveva a sua disposizione 14.400 fanti, 1600 cavalieri, 303 cannoni, 20 obici e 26 mortai con abbondanti scorte. Inoltre le opere di difesa della città erano in perfette condizioni e gli accessi alle posizioni strategiche erano ostacolati da numerose paludi e corsi d'acqua. I movimenti iniziali contro Danzica causarono molte perdite di tempo e l'attacco iniziale ebbe luogo solo il 18 marzo mentre la prima trincea fu completata solo il 2 di aprile a causa del terreno ghiacciato che impediva qualsiasi lavoro di scavo. Il bersaglio scelto per l'inizio delle operazioni era un bastione chiamato Hagelsberg, che proteggeva la linea esterna di fortificazioni; man mano che il gelo diminuiva la situazione migliorò e tra l'11 e il 14 aprile fu scavata la seconda trincea.

La guarnigione tentò una sortita il 13 e un'altra il 26 ma entrambe fallirono dopo durissimi combattimenti. Il 29 la terza trincea era pronta anche se eseguita sotto il tiro delle fortificazioni della città e respingendo molte sortite del nemico. Il momento dell'attacco finale e della resa apparivano imminenti; 11 giorni dopo una flotta di navi russe portò 8000 uomini di rinforzo al comando del generale Kamenskoi. La fortuna di Lefebvre fu che i russi rimasero sorpresi nel constatare che l'Isola di Holm era già occupata dai francesi. Per 4 giorni Kamenskoi esitò nell'iniziare l'attacco e rimase nella zona di sbarco; questo ritardo permise a Lannes di raggiungere le posizioni dell'assediante il giorno 12 con la Divisione di testa seguita nei giorni successivi dalle altre sue forze. Il 15 maggio i russi avanzarono su 4 colonne per rompere l'anello degli assedianti in direzione di Danzica i francesi mantennero le posizioni nonostante l'attacco fino a quando Lannes e Oudinot raggiunsero la zona di battaglia con i primi rinforzi. Dopo una dura lotta i russi si ritirarono lasciando sul terreno 1500 uomini; il tentativo di sbloccare Danzica era fallito e pochi giorni dopo Kamenskoi fece reimbarcare i propri uomini. Negli assediati c'era ancora una considerevole voglia di combattere e la prova fu il 20 maggio quando effettuarono una nuova sortita che riuscì a danneggiare le trincee costruite l'ultimo giorno, prima di essere respinti dentro Danzica. Il giorno dopo il VIII Corpo d'armata di Mortier giunse da Colburg per rinforzare ancora Lefebvre e Lannes; la situazione per Kalkreuth era diventata critica poiché il bastione di Hagelsberg poteva essere assalito in qualsiasi momento e sarebbe sicuramente caduto.

Il 22 Lefebvre inviò una commissione per iniziare i negoziati e Kalkreuth accettò di addivenire ad un patto. Le condizioni della Francia furono generose; Napoleone chiedeva il possesso della città senza ulteriore allungamento dei tempi accordando alla guarnigione l'onore delle armi. Così Kalkreuth il 27 portò fuori gli uomini e fu scortato fino agli avamposti prussiani a Pillau ; la guarnigione garantì di astenersi da ogni combattimento contro i francesi per un periodo di 12 mesi. Lefebvre divenne maresciallo e Duca di Danzica.

Intanto, Benningsen si era proclamato vincitore della battaglia di Eylau. Già all'indomani di Pultusk Benningsen si era vantato di aver tenuto in scacco Napoleone; dopo il macello di Eylau annunciò allo zar di aver sconfitto nuovamente l'Imperatore, al che questi rispose di trovare strane queste vittorie seguite dall'abbandono del campo e da lunghe ritirate... ciò che fece preoccupare Benningsen, che temeva di venir rimosso dal comando, e si vide costretto a dover dimostrare le proprie capacità militari allo scettico zar, e quindi ad ingaggiare- e battere- Napoleone in modo incontrovertibile; lo fece il 14 giugno, anniversario di Marengo, ed i russi furono sconfitti nella decisiva battaglia di Friedland.

La prima fase della battaglia ebbe inizio quando le artiglierie russe aprirono il fuoco poco prima dell'alba.

La prima azione fu compiuta contro le città di Posthenen e Heinrichsdorf: ma se Lannes riuscì a prendere Posthenen, Grouchy non riuscì a prendere Heinrichsdorf; e alle 9 del mattino la situazione era che i francesi potevano contare su 9000 fanti e 8000 cavalieri mentre circa 45.000 russi erano schierati lungo il fiume. Lannes voleva tener ferma l'armata di Bennigsen e attirarne il più possibile sull'Alle in attesa dell'arrivo di Napoleone. Per fortuna dei francesi Bennigsen si accontentò di un combattimento preliminare senza impegnarsi a fondo e impiegando il tempo a migliorare la posizione delle proprie divisioni nella pianura.

▲ Napoleone a Friedland (H. Vernet).

Benningsen schierò sei divisioni di fanteria su due file; quattro a nord del *ruscello del Mulino* e due a sud; furono gettati molti ponti di legno per attraversare il ruscello nel tentativo di migliorare i collegamenti tra i due gruppi. I cosacchi furono posizionati attorno al bosco di Dambrau per sostenere il fianco nord mentre 3000 fanti leggeri presidiavano un altro bosco vicino affiancati da cannoni e cavalleria. Il comando della sinistra era affidato a Bagration e Kologribov e sulla sinistra al generale Gorcakov; l'arrivo della Divisione di Mortier portò le truppe di Lannes a 35.000 uomini per diventare 40.000 alle 10.00. Poco dopo mezzogiorno Napoleone e il suo stato maggiore arrivarono sul campo di battaglia e dietro a loro arrivavano le colonne di rinforzo provenienti da Eylau. Osservando le truppe di Bennigsen schierate gli ufficiali di Napoleone cercarono di capire se si trattava dell'intera armata russa e se era il caso di sferrare subito l'attacco decisivo o aspettare il giorno dopo. Molti ufficiali pensavano che era meglio rimandare l'attacco al giorno 15 giugno perché da quel giorno Murat e Davout avrebbero dato allo schieramento francese una superiorità schiacciante; l'Imperatore non era dello stesso avviso perché il suo sguardo acuto e il suo intuito gli avevano già rivelato i punti deboli del nemico. La posizione dell'armata di Bennigsen era in quel momento precaria e invitava all'attacco i francesi; nonostante i quattro ponti sull'Alle era stato un grave errore disporre le forze russe con le spalle rivolte al fiume. Quel che era peggio poi la linea russa era divisa in due dal Millstream e il suo lago che avrebbe reso difficile ai russi di prestarsi soccorso a vicenda.

Napoleone sentendo i suoi ufficiali pieni di dubbi esclamò:

"No, no! Non possiamo sperare che il nemico commetta lo stesso errore due volte. "

Si stava convincendo man mano che la giornata avanzava che si presentava per i francesi una perfetta occasione per colpire a fondo i russi. Alle 4 la Guardia imperiale e il I Corpo d'armata erano in posizione e Napoleone decise che erano sufficienti gli uomini a disposizione (circa 80.000) per vincere la battaglia che lui sperava definitiva. Voleva distruggere i russi dopo averli attirati sul braccio di terra di fronte all'angolo destro formato dal fiume Alle; i russi erano dispiegati lungo un fronte di 7 chilometri su entrambe le rive ma erano meno sull'argine sud.

Questo doveva diventare il primo obiettivo; così l'Imperatore decise di sferrare un attacco immediato senza perdere tempo in bombardamenti. Le truppe di Ney sarebbero state quelle che dovevano dirigere l'assalto e cercato di annientare il fianco sinistro dei russi per poi cercare di distruggere almeno due dei ponti sull'Alle verso le retrovie russe. Questo attacco se avesse avuto il successo sperato avrebbe demoralizzato il nemico e anche se grossi reparti fossero riusciti a fuggire verso Konigsberg si sarebbero trovati di fronte le truppe di Murat e Davout che erano in rapido avvicinamento al campo di battaglia. Alle 5 pomeridiane furono diramati gli ordini definitivi. Ricorda Marbot che l'Imperatore quel giorno era di ottimo umore e alla domanda circa cosa gli ricordava quella data Marbot rispose: *la battaglia di Marengo* e Napoleone replicò.

"Si, si, quello di Marengo e io sto battendo i russi esattamente come ho battuto gli austriaci. "

Napoleone era così convinto di ciò, che passando tra le colonne dei soldati che lo salutavano con molti applausi, disse ripetutamente: *"Oggi è un giorno felice, è l'anniversario di Marengo."*

Questa frase sarebbe stata riportata anche nel bollettino della *Grande Armée*.

Alle 5,30 del pomeriggio la calma, che era calata sul campo di battaglia, fu interrotta da una serie di salve provenienti da una batteria francese composta da venti cannoni ; era il segnale di Napoleone per il maresciallo Ney. Bennigsen fu sorpreso quando vide le truppe francesi uscire dal bosco di Sortlach e dirigersi contro la sua ala sinistra, perché convinto che ormai a quell'ora la battaglia non venisse ripresa. L'attacco francese arrivò al momento giusto perché il comandante russo era sul punto di ordinare al suo esercito di ritirarsi sulla riva destra della Saale.

La Divisione di testa che condusse l'attacco francese era quella di Marchand che uscita dal bosco puntò dritta sul campanile di Friedland; a breve distanza marciavano gli uomini di Bisson e dietro loro i cavalieri di Latour-Maubourg. Davanti a loro le truppe di copertura russe si dettero alla fuga e Marchand spinse i fuggitivi dentro il fiume Alle.

Questa mossa sembrò dare a Bennigsen una opportunità di contrattacco; radunò infatti i cosacchi e di reggimenti di cavalleria regolare e li mandò a tappare la breccia che si era formata tra le due divisioni francesi. La cavalleria russa fu affrontata da quella francese e stretta tra due fuochi si ritirò in disordine cosicché l'avanzata francese riprese. In quel momento Napoleone inviò il Corpo di riserva di Victor sulla destra della strada di Eylau; una mossa che fu provvidenziale per le truppe di Ney che si trovava sotto il fuoco pesante e preciso dei cannoni russi. I francesi si arrestarono e Bennigsen ordinò un nuovo contrattacco con al cavalleria contro il fianco sinistro di Bisson.Le truppe francesi per un attimo furono colte dal panico e in quel momento ecco arrivare le truppe di testa di Victor comandate da Dupont che piombarono sul fianco della cavalleria russa costringendola a ritirarsi in piena confusione in direzione della loro stessa fanteria. Il disordine tra le file russe offrì agli artiglieri francesi un ottimo bersaglio poiché le truppe di Bennigsen si stavano ammassando in un o spazio molto ristretto. Victor sfruttò la situazione e inviò più di 30 cannoni verso la linea occupata dal suo reparto; i francesi continuarono a spostare in avanti i loro pezzi e da una distanza di 1500 metri i cannoni giunsero a 600 metri e li iniziarono a scaricare delle salve terribili contro le truppe russe. Arrivati a 300 metri e poi a 150 continuarono a colpire le truppe russe fino a portare i cannoni a 60 passi da dove sparrono a bruciapelo sui nemici continuando la strage iniziata poco prima. In pochi minuti fu la fine dei russi fu certa. Bennigsen tentò un attacco di alleggerimento contro Lannes, Grouchy e Mortier ma la mossa non sortì l'effetto sperato poiché i francesi erano in grado di tenere le posizioni. Il maresciallo Ney era in quel momento alla testa delle sue truppe e continuava ad avanzare; Bennigsen nella disperazione sferrò un nuovo assalto alla baionetta contro l'ala destra di Ney ma il solo risultato fu la perdita di parecchie migliaia di russi. Nello stesso tempo Dupont attaccò il fianco e la retroguardia del centro russo ormai stanco; subito dopo Ney si aprì la strada combattendo nei sobborghi di Friedland . Fu li che Bennigsen tentò di giocare la sua ultima carta lanciando all'assalto la Guardia Imperiale russa. Norvins così descrisse la scena:

"Alla fine assistetti all'ultima terribile scena di questo grande dramma...La fanteria di linea di Ney e la Divisione di Dupont, piombarono a baionette inastate sulla Guardia imperiale russa, una formazione reclutata per intero fra autentici giganti del nord...l'ultima e formidabile speranza della grande armata nemica. Fu una vittoria di pigmei su giganti. "

Alle 8 e 30 d sera Ney era in possesso di Friedland; le strade erano sbarrate da cumuli di morti mentre le case dei sobborghi erano state date alle fiamme dai russi stessi; le fiamme distrussero anche i ponti di barche impedendo ai russi stessi di poter fuggire dalla trappola . A nord del Millstream i russi con una serie di disperati attacchi contro le truppe di Lannes furono respinti dai soldati di Oudinot e di Verdier.

a cavalleria russa di Gorcakov attaccò subito dopo senza alcun risultato. Bennigsen si trovava di fronte ad un disastro completo a meno che non fosse riuscito a liberare i suoi uomini e interrompere l'azione. Con 3 o 4 ponti demoliti non c'erano prospettive, ma alcuni soldati russi trovarono un guado praticabile a nord di Friedland e questo significò la salvezza di quel che restava dell'esercito di Bennigsen. Il guado era percorribile dagli uomini e dai cannoni e di conseguenza i russi riuscirono a schierare sull'argine destro dell'Alle la maggior parte dell'artiglieria che li aiutò a coprire la ritirata delle proprie truppe. Napoleone adesso ordinò l'attacco di 40 squadroni di cavalleria in modo da trasformare il successo in una vittoria totale; purtroppo Grouchy e D'Espagne non si dimostrarono all'altezza della situazione nonostante avessero di fronte solo 25 squadroni russi.

Solo la notte pose termine alla battaglia e agli inseguimenti; i francesi attraversarono l'Alle e si concessero un po' di riposo. I francesi avevano perso 8000 uomini mentre i russi circa 20.000 e 80 cannoni; seguirono altri 4 giorni di operazioni prima che lo Zar Alessandro si decidesse a chiedere l'armistizio.

Il 15 Bennigsen cercò di raccogliere i superstiti ad Allenburg ma la cavalleria francese continuava a spostarsi rapidamente per tagliargli la strada per Königsberg.

Lo stesso giorno Napoleone poté scrivere all?imperatrice in toni ben diversi da quelli adoperati la notte dopo il macello di Preussisch-Eylau:

"Friedland, 15 giugno 1807.

Mia amica, non ti scrivo che una riga, perché sono assai affaticato; ecco molti giorni che sono agli accampamenti. I miei figli hanno degnamente celebrato l'anniversario della battaglia di Marengo. La battaglia di Friedland sarà altrettanto celebre e gloriosa, pel mio popolo.

Tutta l'armata russa dispersa, 80 pezzi d'artiglierìa, 30.000. uomini presi o feriti, 25 generali russi uccisi, feriti o presi; la Guardia russa schiacciata: questa è una degna sorella di Marengo, di Austerlitz, e di Jena. Il bollettino ti dirà il resto. Le mie perdite non sono considerevoli; ho saputo raggirare il nemico con buon esito.

Sii senza inquietudini, e contenta. Addio, mia amica, monto a cavallo[56]. "

Il giorno seguente Soult prese Königsberg ed i suoi immensi depositi di materiali utilissimi all'esercito francese.

Oramai la vittoria sulla Russia era cosa fatta.

Il 22 giugno l'Imperatore emise un proclama alle truppe in cui esaltava l'esito vittorioso della campagna:

"Al campo di Tilsitt, il 22 giugno, 1807.

Soldati !

Il 5 giugno, noi siamo stati assaliti nei nostri alloggiamenti dall'esercito russo. Il nemico non ha bene indovinate le ragioni del nostro riposo.

Troppo tardi s'è avvisto che era il riposo del leone: ora si pente d'averlo dimenticato.

Nelle giornate di Guttstadt, di Heilsberg, in quella eternamente memorabile di Friedland, in dieci giorni di guerra infine, noi abbiamo conquistato centoventi cannoni, sette bandiere; ucciso, ferito, o preso sessantamila Russi; tolto al nemico tutti i suoi magazzini, i suoi ospedali, le sue ambulanze, la piazza di Königsberg, i trecento navigli che si trovavano in questo porto, carichi d'ogni maniera di munizioni, centosessanta mila fucili, che l'Inghilterra spediva per armare i nostri nemici.

Dalle rive della Vistola noi siamo giunti sopra quelli del Niemen con la velocità dell'aquila.

Voi celebraste a Austerlitz l'anniversario dell'incoronazione; voi avete celebrato quest'anno quello della battaglia di Marengo, che pose fine alla guerra della seconda coalizione.

Francesi !

Voi siete stati degni di voi e di me.

Voi tornerete in Francia carichi dei vostri allori, dopo conseguita una pace gloriosa che porti seco la sicurezza della sua durata.

Egli è tempo che la vostra patria viva in riposo, fuori del maligno influsso dell'Inghilterra.

I miei benefizi vi proveranno la mia riconoscenza, e tutta la grandezza dell'amore che vi porto[57]."

L'8 luglio venne firmata la pace di Tilsit. Lo zar otteneva di potersi ingrandire nella Finlandia ai danni della Svezia e nei principati danubiani contro la Turchia, ma abbandonava alla Francia le Isole Ionie e Cattaro, paesi occupati dalla Russia rispettivamente nel 1799 e nel 1806; Alessandro riconosceva tutti i mutamenti avvenuti o che fossero per avvenire nell'Europa occidentale, e consentiva a chiudere i suoi porti alle navi dell'Inghilterra, qualora questa si ostinasse a continuare le ostilità. Così Napoleone aveva il continente ai suoi piedi. Federico Guglielmo III dovette pagare una grossa somma e contentarsi di riavere la Prussia, la Slesia, il Brandeburgo e la Pomerania. La Polonia prussiana, tranne Danzica proclamata città libera, divenne il granducato di Varsavia; ma in tal modo, per ottenere l'alleanza russa, Napoleone deluse quasi completamente, malgrado le preghiere di Maria Walewska, le speranze dei patrioti polacchi.

Finalmente i territorî sulla sinistra dell'Elba, compresa Magdeburgo, formarono, insieme con l'Assia-

56   Rip. in Romeo di Colloredo, cit., pp. 75
57   Il proclama del 22 giugno è riportato in ibid., pp. 75-76.

Cassel, con il ducato di Brunswick e con una parte dell'Hannover, il regno di Westfalia di cui ebbe la corona Girolamo Bonaparte, fratello minore di Napoleone.

Sino dal 1800 Napoleone aveva cercato di guadagnarsi l'alleanza russa contro l'Inghilterra, e proprio ciò era costata la vita allo zar Paolo I, che progettava un'azione franco-russa contro l'India; ora vi era riuscito.

La pace di Tilsitt tra i due imperatori ed il re di Prussia sembrò sigillare il destino dell'Europa sotto il dominio delle Aquile francesi. Una breve parentesi: di lì a poco l'obbiettivo di Napoleone sarebbero stati il Portogallo e la Spagna, e ciò sarebbe stato il principio della fine.

IL CAMPO DI BATTAGLIA OGGI.

La bataglia di Eylau si svolse in Prussia Orientale, in un raggio di una dozzina di chilometri intorno al villaggio di Preußisch Eylau, l'attuale Bagrationovsk, così ribattezzata dai sovietici in onore del principe Bagration, che nella battaglia ebbe un ruolo marginale: ma era georgiano come Stalin.

La cittdina è a circa quaranta km da Kaliningrad, come i sovietici rinominarono la città di Königsberg, che nel 1807 costituiva la seconda città prussiana dopo Berlino, celebre per esser stata la patria di Immanuel Kant. Questo territorio, tedesco sin dalla colonizzazione dei cavalieri teutonici, che nel 1325 secolo eressero il castello di Ylow, rimase prussiano e poi tedesco sino al 1944; dopo la parentesi polacca, che vide l'espulsione della popolazione tedesca, nel 1946 passò all'Unione sovietica, che la ribattezzò Bagrationovsk e aprì un campo di concentramento per civili tedeschi, nel quale, su 6.000 internati, ne morirono almeno 3.000.

Tutti i pochi abitanti rimasti dopo l'occupazione polacca del 1944 furono sostituiti da sovietici, essenzialmente russi, ma anche ucraini e bielorussi, e, oltre il nuovo confine polacco, da polacchi.

La frontiera passa subito a sud di Bagrationovsk, cosicché se la maggior parte del campo di battaglia si trova in territorio russo, alcuni dei villaggi che videro lo scontro di Lestocq con Davout e poi con le avanguardie di Ney, a sud del campo di battaglia, si trovano oggi in Polonia; naturalmente rispetto al 1807 tutti i nomi sono stati cambiati, rendendo spesso non facile l'orientamento.

Diversi monumenti commemorano la battaglia: nella cittadina sono visibili i monumenti a Benninsen e, ovviamente, a Bagration con il busto del generale georgiano (Bagrationa ul.).

Nel cimitero è visibile il monumento ai caduti francesi e russi morti nel 1807 e nel 1812, costituito da un masso di granito con una targa bronzea in cirillico .

Nel paese è visibile i vecchio tribunale prussiano, dove Napoleone alloggiò dal 7 febbraio, vigilia della battaglia, al 17 e che ora ospita un piccolo museo dedicato alla battaglia; divise ed altri cimeli sono visibili nel Museo regionale di Bagrationovsk (Ulitsa Kaliningradskaya, 10), che ogni anno, in occasione dell'anniversario della battaglia, organizza una rievocazione storica.

A sud ovest del paese si trova il *L'Estocqs- Denkmal*, eretto nel 1857, nel cinquantenario della battaglia, nel luogo dove erano posizionate le artiglierie francesi. Le facce del monumento in stile neogotico, fiancheggiato da due cannoni napoleonici, commemorano Lestocq, Gerike e Benningsen.

Della chiesa di Preussisch-Eylau, da dove Napoleone osservò il corso della battaglia, rischiando di venire catturato dai soldati russi, rimane solo il portale, inserito in una bruttissima officina di età sovietica.

La presenza di Napoleone è ricordata da una targa commemorativa (Tsentralnaya ul. 19); non esiste più il cimitero nelle vicinanze del quale la Guardia annientò i russi.

Rimane il castello teutonico di Ylow, conquistato dai francesi di Laval il 7 febbraio, alla vigilia della battaglia, ed oggi visitabile dal pubblico. Rimane intatta la collina su cui si immolò il 14me *de Ligne*, e nella quale furono seppelliti trentasei ufficiali francesi.

Intorno al villaggio vi sono numerosi stagni, che all'epoca della battaglia erano completamente ghiacciati e che non costituirono un ostacolo alla grande carica di cavalleria di Murat. Sono gli stessi stagni gelati su cui era schierata la Guardia Imperiale alle otto del mattino, quando iniziò la battaglia, come ricorda Coignet, e che probabilmente ancora custodiscono l'Aquila del 18me *de Ligne* perduta alla vigilia della battaglia durante la carica dei Dragoni di San Pietroburgo. Ad Auklappen [Maloje Osjornoje] è ancora visitabile il Quartier generale di Benninsen, una casa di travi di legno.

Il villaggio di Serpallen, poi ribattezzato Kaschtanowka, non esiste più. ma a parte questo le alture conservano l'aspetto che dovevano avere nel 1807.

Infine, consigliamo, girando sul campo di battaglia, di farlo con il rispetto dovuto alle migliaia di caduti russi, prussiani e francesi sepolti nelle fosse comuni di cui si è persa la localizzazione, ma su cui il visitatore è destinato comunque a camminare. Ogni zolla del campo fu bagnata di sangue. Non è retorica, ma la realtà.

CRONOLOGIA DELLA BATTAGLIA DI PREUSSISCH- EYLAU

Ore 8:00 del mattino.
La battaglia inizia con una lunga azione di fuoco a che investe soprattutto il settore del IV° C.A. Francese.

10:00.
- Arriva il III° C.A. del Maresciallo Davout che avanza verso Serpallen. Il VII° C.A. di Augereau è lanciato all'attacco ma un'improvvisa bufera di neve e vento riduce drasticamente la visibilità.

Il VII° C.A. piega a sinistra e si trova di fronte il munito centro russo, è bersagliato a mitraglia da 70 pezzi d'artiglieria, caricato dalla riserva di cavalleria russa del principe Galitzin ed in meno di un quarto d'ora subisce la perdita di ben 5.200 uomini. Il 14me *Régiment d'Infanterie de Ligne* è annientato dopo strenua resistenza e vede catturata la propria Aquila. La cavalleria russa giunge fino al cimitero di Eylau.

11:30.
- L'avanzata russa è fermata dall'intervento di Murat con quattro intere divisioni di cavalleria (forse 60 squadroni), permettendo ad Augereau di disimpegnarsi.

La cavalleria leggera russa controcarica, arrivando sino alla linea delle batterie francesi.

12:30
Un battaglione (la propaganda francese parla invece di una colonna di 4.000 russi) lanciato contro la chiesa, dove si trova Napoleone col suo Stato Maggiore, è fermato da un battaglione di Granatieri della Guardia Imperiale appoggiati dallo squadrone di scorta dell'Imperatore, preso alle spalle dai Cacciatori a cavallo di Murat ed è annientato totalmente.

15: 00
- Ad est il III Corpo d'Armata di Davout avanza fino a Klein-Sausgarten e Kuschitten i russi, alleggeriti al centro, riescono a respingerlo fino ad Auklappen, grazie all'arrivo dei prussiani di Lestocq, che hanno eluso Ney e sono giunti ad Eylau.

17:00
- Dopo tre ore di combattimenti, nei quali i prussiani ed i russi dimostrano la loro tenacia, Ney giunge presso Althoff , attacca l'ala destra russa ed occupa Schmoditten, che i russi tentano inutilmente di riprendere.

21:30.
-Bennigsen, temendo l'arrivo del I° Corpo d'Armata francese di Bernadotte, approfitta del calare dell'oscurità ed ordina la ritirata su Königsberg, che viene eseguita ordinatamente; restano in mano francese 16 cannoni e tutti i feriti.

24:00.
- Benningsen abbandona il campo di battaglia.

9 Febbraio, 2:00 del mattino.
- Si ritirano anche i prussiani di Lestocq. Napoleone emana il 58° bollettino della Grande Armée che annuncia la vittoria francese.

UFFICIALI FRANCESI UCCISI O FERITI AD EYLAU, 7- 8 FEBBRAIO 1807.

le colonne indicano nell'ordine la data di morte. il luogo, il numero del reparto e quello dei caduti. In mancanza di dati sulla truppa, il numero degli ufficiali caduti è un indice preciso delle perdite subite da ciascun reparto. Si noti come le perdite più elevate sono quelle del *18me de Ligne* con quarataquattro ufficiali morti durante la conquista di Eylau alla vigilia della battaglia, il 7 febbraio[58].

Data	Luogo	Nr reparto		caduti
7.02	Preussisch-Eylau	18	Fanteria di linea	44
7.02	Preussisch-Eylau	24	Fanteria leggera	5
8.02	Preussisch-Eylau		Artiglieria a cavallo della Guardia	2
8.02	Preussisch-Eylau		Cacciatori a cavallo della Guardia	17
8.02	Preussisch-Eylau	1	Cacciatori a piedi della Guardia	2
8.02	Preussisch-Eylau	2	Cacciatori a piedi della Guardia	1
8.02	Preussisch-Eylau	1	Corazzieri	10
8.02	Preussisch-Eylau	5	Corazzieri	9
8.02	Preussisch-Eylau	10	Corazzieri	2
8.02	Preussisch-Eylau	11	Corazzieri	10
8.02	Preussisch-Eylau	4	Fanteria di linea	16
8.02	Preussisch-Eylau	12	Fanteria di linea	3
8.02	Preussisch-Eylau	14	Fanteria di linea	39
8.02	Preussisch-Eylau	17	Fanteria di linea	35
8.02	Preussisch-Eylau	21	Fanteria di linea	2
8.02	Preussisch-Eylau	24	Fanteria di linea	54
8.02	Preussisch-Eylau	25	Fanteria di linea	2
8.02	Preussisch-Eylau	27	Fanteria di linea	1
8.02	Preussisch-Eylau	28	Fanteria di linea	21
8.02	Preussisch-Eylau	30	Fanteria di linea	18
8.02	Preussisch-Eylau	33	Fanteria di linea	24
8.02	Preussisch-Eylau	36	Fanteria di linea	32
8.02	Preussisch-Eylau	39	Fanteria di linea	2
8.02	Preussisch-Eylau	43	Fanteria di linea	31
8.02	Preussisch-Eylau	44	Fanteria di linea	21
8.02	Preussisch-Eylau	46	Fanteria di linea	18
8.02	Preussisch-Eylau	48	Fanteria di linea	26
8.02	Preussisch-Eylau	50	Fanteria di linea	1
8.02	Preussisch-Eylau	51	Fanteria di linea	12
8.02	Preussisch-Eylau	55	Fanteria di linea	16
8.02	Preussisch-Eylau	57	Fanteria di linea	4
8.02	Preussisch-Eylau	61	Fanteria di linea	20
8.02	Preussisch-Eylau	63	Fanteria di linea	27
8.02	Preussisch-Eylau	75	Fanteria di linea	10
8.02	Preussisch-Eylau	100	Fanteria di linea	1
8.02	Preussisch-Eylau	105	Fanteria di linea	20
8.02	Preussisch-Eylau	108	Fanteria di linea	17
8.02	Preussisch-Eylau	6	Fanteria leggera	2
8.02	Preussisch-Eylau	7	Fanteria leggera	37
8.02	Preussisch-Eylau	9	Fanteria leggera	1
8.02	Preussisch-Eylau	10	Fanteria leggera	27
8.02	Preussisch-Eylau	13	Fanteria leggera	16
8.02	Preussisch-Eylau	16	Fanteria leggera	39
8.02	Preussisch-Eylau	17	Fanteria leggera	1
8.02	Preussisch-Eylau	25	Fanteria leggera	1
8.02	Preussisch-Eylau	26	Fanteria leggera	9
8.02	Preussisch-Eylau		Gendarmeria d'*elite* della Guardia	1
8.02	Preussisch-Eylau		Granatieri a cavallo della Guardia	18
8.02	Preussisch-Eylau		Mamelucchi della Guardia	3

58   Tratto da A. Martinien, *Tableaux par corps et batailles des Officiers blessés et tués pendant les guerres de l'empire (1805-1815)*, Paris 1899.

NOTA BIBLIOGRAFICA

-*Battaille de Preussische Eylau, gagnèe par la Grande Armée commandée en personne par S.M. NAPOLEON Ier, Empereur des Françaises, Roi d'Italie, sur les Armèes combinées de Prusse et de Russie*, Paris, 1807.

-AAVV, *Histoire et Dictionnaire du Consulat et de l'Empire,* Paris, 1995.

-M. Arrous *et al., Austerlitz: Napoléon au coeur de l'Europe*, Paris, 2007.

-A. Auger, J. Garnier, V. Rollin, D. Casali (curr.) (pref. J di. Tulard), *Napoléon Bonaparte*, Paris, 2004.

-A. Barbero, *La guerra in Europa dal Rinascimento a Napoleone*, Roma, 2003.

-H. Belloc, *Napoleone*, tr.it. Milano, 1967.

-L. A. Berthier, *Relation de la bataille d'Austerlitz*, in J. Garnier (a cura di), *Relations et rapports officiels de la bataille d'Austerlitz.* Paris 1998.

-A. Blin, *Iéna, 1806*, Paris, 2003

-G. Blond, *Vivere e morire per Napoleone, Storia della Grande Armée*, tr.it.Milano, 1998.

-E. Bukhari, *Napoleon's Marshals*, London, 1979.

-J.C. Carmigniani, J. Tranié, *Napoléon et l'Allemagne. Prusse 1806*, Paris, 1984.

-A. Castelot, *Bonaparte*, Paris, 1967.

-A. Castelot, *Napoleon*, Paris, 1968.

-D. G. Chandler, *Le campagne di Napoleone. 2 voll.*, tr.it. Milano,1968.

-D. G. Chandler, *Austerlitz 1805*, Oxford, 1990.

-D. G. Chandler, *Jena 1806*, Oxford, 1993.

-D. G. Chandler, *I marescialli di Napoleone*, tr.it. Milano, 1996.

-J. R. Coignet, *Cahiers du capitaine Coignet*, Paris, 1968.

-R. Chartrand, *Napoleonic Wars: Napoleon's Army*, London, 1996.

-O. Connelly, *The Wars of the French Revolution and Napoleon, 1792-1815*, London, 2005.

-V. Criscuolo, *Napoleone*, Bologna, 1997.

-D.I. Davydov, *Al servizio dello zar Alessandro contro Napoleone 1806- 1814*, tr.it. Roma 2012.

-C. Duffy, *Austerlitz 1805*, London, 1999.

-J. R. Elting, *Swords Around a Throne: Napoleon's Grande Armée.* London, 1988.

-J. V. Esposito, J. R. Gatking, *A Miltary History and Atlas of the Napoleonic Wars*, New York, 1964.

-M. Franceschi, B. Weider, *The Wars Against Napoleon*, New York, 2007.

-G. Fremont-Barnes, *Napoleon Bonaparte: Leadership, Strategy, Conflict*, Oxford, 2012.

-J. Garnier, *Austerlitz: 2 décembre 1805*, Paris, 2005.

-J. Garnier, *Le guerre di Napoleone. Arte della guerra e biografia militare*, tr. it. Gorizia, 2019.

-C. von der Golz, *Von Jena bis Preußisch-Eylau. Des alten Preußischen Heeres Schmach und Ehrenrettung*, Berlin, 1907.

-D. Guerrini, *La manovra napoleonica d'Ulm*, Roma, 1925.

-P. Griffith, *French Napoleonic Infantry Tactics 1792–1815.* Oxford, 2007.

-P.J. Haythornthwaite, *Napoleon's Line Infantry*, London, 1983.

-P.J. Haythornthwaite, *Napoleon's Military Machine*, Staplehurst, 1988.

-P.J. Haythornthwaite, *The Napoleonic Wars' Source book*, London, 1990.

-P.J. Haythornthwaite, *Die Hard! Famous Napoleonic Battles*, London, 1996.

-P.J. Haythornthwaite, *Napoleonic Infantry*, London, 2001.

-P.J. Haythornthwaite, *Napoleonic Cavalry.* London, 2001.

-P.J. Haythornthwaite, *Napoleon's Commanders (1) 1792- 1809*, Oxford, 2001.

-P.J. Haythornthwaite, *Russian Army of the Napoleonic Wars (1799- 1814) (1) Infantry*, Oxford, 2008.

-P.J. Haythornthwaite, *Russian Army of the Napoleonic Wars (1799- 1814) (2) Cavalry*, Oxford, 2009.

-E. von Höpfner, *Der Krieg von 1806 und 1807*, IV voll.,Berlin, 1850.

-D.D. Horward, *Napoleonic Military History: A Bibliography*, New York- London, 1986.

-F. G. Hourtouille, *Austerlitz, 1805 le soleil de l'Aigle*, Paris, 2003.

-F. G. Hourtouille, *Jena- Auerstadt, 1806 le triomphe de l'Aigle*, Paris, 2006.

-F. G. Hourtouille, *D'Eylau à Fiedland, 1807 la Campagne de Pologne*, Paris 2007.

-Job, G. de Montorgueil, *Napolèon*, Paris, 1921

-H. Lachouque, *Napoléon et la garde impériale*, Paris, 1957.

-H. Lachouque, *Napoléon à Austerlitz*, Paris, 1961.

-H. Lachouque, *Iéna*, Paris, 1962.

-H. Lachouque, *Napoléon, 20 ans de campagnes*, Paris, 1964.

-A. L. de Langeron, *Journal inédit de la campagne de 1805*, Paris,1998 .

-D. Lieven, *Russia against Napoleon*, New York- London, 2009.

-F. Loraine Petre, *Napoleon's Conquest of Prussia 1806*, London, 1907 (rist. 1993),

-F. Loraine Petre, *Napoleon's Campaign in Poland 1806-1807*, London, 1907 (rist.1976).

-F. Loraine Petre, *Napoleon and the Archduke Charles*, London, 1909.

-L. Madelin, *Histoire du Consulat et de l'Empire*, Paris, 1937-1948.

-C. Manceron, *Ce jour là: Austerlitz, 2 decembre 1805*, Paris, 1960.

-J.B. de Marbot, *Mémoires du général Baron de Marbot*, Paris, 1892.

-J. Marnier, *Bataille d'Eylau*, Brouges, 1849.

-J. Marquet de Montbreton de Norvins, *Histoire de Napoléon*, Paris,1827 .

-A. Martinien, *Tableaux par corps et batailles des Officiers blessés et tués pendant les guerres de l'empire (1805-1815)*, Paris, 1899.

-R. Muir, *Tactics and the Experience of Battle in the Age of Napoleon*, London, 2000.

-Napoleone I, *Oeuvres de Napoleon Bonaparte… ,* Paris,1821.

-Napoleone I, *Lettere di Napoleone a Giuseppina, durante la prima campagna d'Italia, il consolato e l'impero; e lettere di Giuseppina a Napoleone ed a sua figlia*, Bastia, 1834.

-Napoleone I, *Opere scelte di Napoleone I, ordinate in modo da formare la sua storia, e recate in Italiano da Ferdinando Banalli*, Firenze, 1847.

-Napoleone I, *Commentaires de Napoléon I*, 6 voll., Paris, 1867.

-Napoleone I, *Proclami discorsi e scritti militari*, Milano, 1930.

-Napoleone I, *Oeuvres literaires et écrits militaires de Napoléon* (a cura di J. Tulard), 3 voll., Paris, 1967- 1969.

-F. Naulet, *Friedland (14 juin 1807) : La campagne de Pologne, de Danzig aux rives du Niémen*, Paris, 2007

-D. Nicholls, *Napoleon: a Biographical Companion*, London, 1999.

-N. Griffon de Pleineville, V. Chikanov, *Napoléon en Pologne. La campagne de 1806-1807*, Paris, 2008.

-R. Ouvrard, *Iéna avec Napoléon: La campagne de Prusse par ceux qui l'ont vécue*, Paris, 2006.

-D. Quintin, B. Quintin, *Austerlitz, 2 décembre 1805 : dictionnaire biographique des soldats de Napoléon tombés au champ d'honneur*, Paris, 2004.

-J. Rapp, *Mémoires du général Count Rapp, aide-de-camp to Napoléon*, Paris, 1823.

-A. Roberts, *Napoleone il Grande*, tr.it. Novara, 2015.

-J. Regnault, *Les Aigles impèriales et le drapeau tricolore 1804-1815*, Paris 1967.

-P. Romeo di Colloredo, *Napoleone I. Da Austerlitz a Friedland. Scritti, discorsi, bollettini 1805- 1807*, BG, 2019.

-G. E. Rothenberg, *The Art of Warfare in the Age of Napoleon*. London, 1977.

-A. Seaton, *The Russian Army of the Napoleonic Wars*, London. 1979.

-P. de Ségur, *An Aid-de-camp of Napoleon. Memoirs of General Count of Ségur*, New York, 1895

-L. Scalabrino, G. Pierozzi, *Jena-Auerstädt 1806. La "Blitzkrieg" di Napoleone*, Firenze, 2008.

-D. Smith, *The Napoleonic Wars data Book*, London, 1998.

-D. Smith, *Napoleon's Regiments*. London, 2000.

-J. Sutherland, *Napoleonic Battles*, Shrewsbury, 2003.

-K. Stutterheim, *La Bataille d'Austerlitz, par un militaire tèmoin de la journée du 2 décembre 1805 par le général major autrichien Stutterheim*, Paris 1806.

-A. Thiers, *Histoire du Consulat et l'Empire faisant suite à l'Histoire de la Révolution française*, tome VII, Paris, 1847.

-J. Thiry, *Eylau, Friedland, Tilsit*, Paris, 1964.

-C. Thoumas, *Le maréchal Lannes*, Paris, 1891.

-J. Tulard, *Napoleone*, tr.it. Milano, 1980.

-J. Tulard, *Napoleone e il Grande Impero*, tr.it. Milano 1985.

-J. Tulard, *Napoléon: les grands moments d'un destin*, Paris, 2006.

-J. Tulard, *Dictionnaire amoureux de Napoléon*, Paris, 2012.

-A. Uffindell, *Great Generals of the Napoleonic Wars and their Battles 1805–1815*, Staplehurst, 2003.

-S.Valzania, *Austerlitz. La più grande battaglia di Napoleone*. Milano, 2005.

-A. V. Viskovatov, *Uniforms of the Russian Army during the Napoleonic War*, 47 voll., tr. ingl. BG, 2015 segg.

-R. T. Wilson, *Some Remarcks on the Character and Composition of the Russian Army in the Years 1806 and -1807, and a Sketch of the Campaigns in Poland in the Years 1806 and 1807*, London, 1810.

-T. Wise, *Flags of the Napoleonic Wars, I, Colours, Standard and Guidons of France and her Allies*, Oxford, 1990.

-A. Zhmodikov, Y. Zhmodikov, *Tactics of the Russian Army in the Napoleonic Wars*, 2 voll., New York, 2005.

▲ I granatieri a cavallo a Eylau, guidati dal Col. Lepic. Tela di Detaille

TITOLI PUBBLICATI - ALREADY PUBLISHING

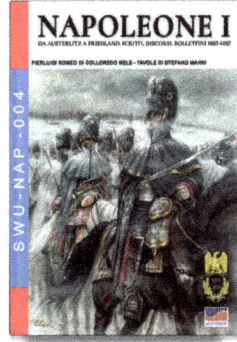

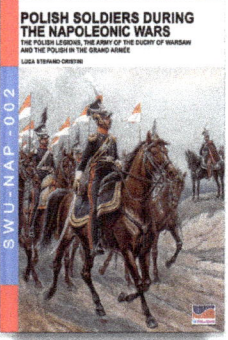
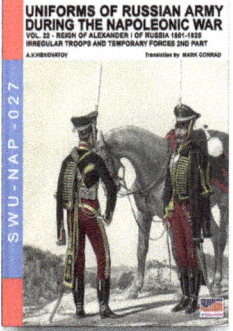

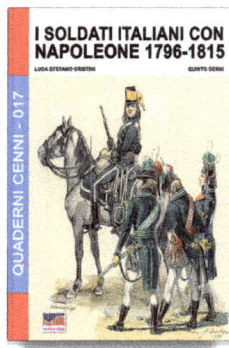
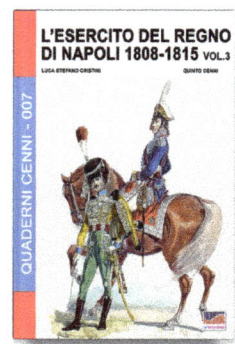
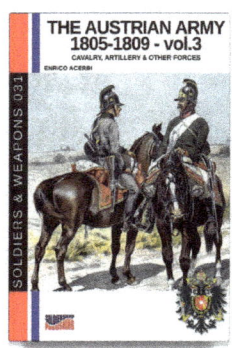
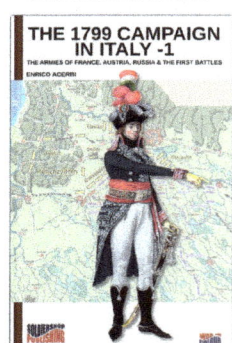

BATTLEFIELD 023

CRISTINI EDITORE

SOLDIERSHOP PUBLISHING